CAUSERIES AGRICOLES.

LA TOSCANE.

PARIS,

IMPRIMERIE D'AGRICULTURE ET D'HORTICULTURE

DE Mme Ve BOUCHARD-HUZARD,

5, RUE DE L'ÉPERON.

1852

A MIEI AMICI ITALIANI,

Nella quaresima di quest' anno 1852, mi diedi à mettere-giù sulla carta le rimembranze di alcune care passegiate che all' epoca stessa feci lo scorso anno nelle vostre belle é lussureggianti campagne di Toscana. Queste cose, le ho scritte, non già allo scopo di far cosa utile agli scienziati, ma col solo desiderio d'interessare i miei concittadini, che si occupano d'agraria esponendo loro coltivazioni e pratiche tanto diverse dalle nostre. Poi, il ricordarmi, in mezzo alla monotonia dei nostri campi del norte, quella vostra Italia, ame diletta con amore quasi di figlio, m'é stato un vero piacere. Permettete dunque che dalla frontiera del Belgio, io vi presenti questo povero lavoro. Quantumque indegno di voi, graditelo, siccome pegno dello viva ed immutabile amicizia, che nutre per voi,

Il vostro,

F. MALÉZIEUX.

Petit-Fresnoy (Gricourt), Maggio, 1852.

CAUSERIES AGRICOLES.

LA TOSCANE.

1° Position. — Importance.

Tout le monde sait que la Toscane (ancienne Étrurie) occupe, sur le bord de la Méditerranée, à peu près la partie centrale de l'Italie. Du côté de terre, les États de l'Église l'enveloppent presque en entier, formant autour d'elle pour ainsi dire un arc dont la mer serait la corde. Il manque seulement, pour que la comparaison soit entièrement juste, un tout petit espace vers le nord du côté du duché de Modène et du Piémont, où la courbe de l'arc ne joint pas la mer.

Malgré sa petite étendue, égale à peine à celle de trois ou quatre de nos départements, et sa population d'un million et demi d'habitants tout au plus, la Toscane jouit d'une grande célébrité. Sans entrer dans le domaine de l'histoire politique, en parlant de la splendeur et de la puissance de ses républiques qui furent, dans le moyen âge, le berceau de la civilisation nouvelle, nous pouvons, même au point de vue agricole, lui faire une assez belle part. Non-seulement l'état actuel de son agriculture n'a rien de barbare, mais tout nous indique qu'elle est depuis fort longtemps déjà en possession de certaines méthodes approuvées par la science moderne la plus exigeante. Dans le temps où nos pères, même les plus avancés, ne songeaient pas encore à modifier leur éternel assolement triennal : Blé, Avoine, jachère, les cultivateurs toscans pratiquaient une culture à laquelle on ne peut reprocher que d'être trop épuisante pour la terre qu'elle ne laisse jamais en repos. Cet inconvénient, du reste, ne leur avait point échappé, et, comprenant la nécessité du fumier comme base de toute culture productive, ils faisaient tous leurs efforts pour se procurer les engrais les plus énergiques. La science aussi vint de bonne heure prêter à la pratique le secours de ses lumières, et la vieille célébrité dont jouit, à juste titre, dans le monde savant la fameuse académie des *géorgophiles* de Florence prouve qu'en Toscane les hommes d'intelligence et de savoir ne laissèrent pas l'agriculture sous l'empire exclusif de la routine.

2° Inégalités du sol. — Maremmes. — *Comblées.*

La chaîne de montagnes (les Apennins) qui traverse ce petit pays en rend le sol très-accidenté; l'agriculteur qui le parcourt y distingue la montagne, la colline, la plaine et la *maremme*, formant ensemble comme les gradins d'un amphithéâtre qui descend des Apennins jusqu'à la mer : 1° la montagne, souvent aride et quelquefois complétement mise à nu par des pluies abondantes qui entraînent dans leur cours le peu de terre végétale qui recouvrait le roc; — 2° la colline, un peu moins ravagée par les eaux et plus fertile; — 3° la plaine, enrichie des dépouilles des deux premières, que la nature ou l'industrie humaine forcent les eaux de lui abandonner sur leur passage; 4° la *maremme*, qui comprend, sur les bords de la mer, des étendues, quelquefois très-vastes, de terres incultes et malsaines; ces *maremmes*, qui occupent, sur une longueur de 40 à 50 lieues, presque toute la côte toscane, ont dû leur formation à des circonstances toutes particulières dont on peut également tirer parti pour les faire disparaître.

Entrons dans quelques détails.

La Toscane tout entière présente, surtout dans le voisinage de la mer, une plaine excessivement basse, très-souvent même de beaucoup inférieure au niveau ordinaire des eaux. Aussi la plupart des fleuves et des rivières qui la traversent sont bordés de digues fortes et élevées, à peine suffisantes pour les maintenir dans leur lit. Souvent le voyageur, en parcourant la campagne, aperçoit dans le lointain un rideau planté d'arbres à son sommet qui vient rompre la monotonie de la plaine; il approche, et, parvenu sur le haut, il est tout étonné de voir à ses pieds le lit d'un cours d'eau. Si c'est l'été, il ne comprend guère pourquoi des digues si fortes ont été construites pour empêcher le débordement d'un ruisseau qui ne consiste qu'en un imperceptible filet d'eau. Pourtant, lorsque arrivent les pluies d'automne, si abondantes dans les contrées du Midi, le ruisseau devient un torrent capable de rompre les digues les plus résistantes, et, pour peu que l'industrie humaine sommeille, les eaux se frayent un passage, pour aller ravager les campagnes voisines. Ces malheurs, qui sont la ruine d'une contrée, laissent dans la mémoire des habitants des traces profondes, et le lieu qui en a été le théâtre garde dans la postérité, en mémoire de l'accident, le nom de *rotta* (rupture). Il n'y a en Toscane que trop d'endroits qui s'appellent *la rotta*. — Ainsi il faut que l'homme, dans ce pays, lutte éternellement contre les forces de la nature, qui, de leur côté, loin de rester passives, semblent, au contraire, s'acharner au combat. En effet, soit que le lit des rivières s'exhausse de plus en plus par suite du dépôt des eaux, soit que cette partie de la Méditerranée tende incessamment à s'élever, ainsi que l'ont prétendu quelques savants, le dégorgement des fleuves devient très-difficile lorsque le vent de mer chasse violemment les vagues vers la côte. Les eaux alors peuvent envahir la plaine et en empêcher la culture. Bientôt, en y croupissant, elles vicient l'air et répandent le germe de maladies pestilentielles qui dépeuplent au loin le pays.

Nous venons de faire l'histoire de la formation des *maremmes*; mais, conquêtes des éléments sur l'homme, elles peuvent être reprises par l'homme sur les éléments. C'est, du reste, ce que l'expérience des siècles passés nous démontre. Cette guerre, entreprise par l'industrie humaine contre les forces de la nature, a eu, sur un même champ de bataille, ses vicissitudes comme les autres guerres, et nous allons voir que, sans remonter au delà des temps bien connus, on peut citer des plaines qui, successivement, ont été deux fois envahies par l'élément destructeur, et deux fois reconquises, puis livrées à la culture.

Il existe près de la mer, dans la partie de la Toscane qui avoisine les États de l'Église, de vastes étendues de terrains incultes, des *maremmes*, qui, dans l'antiquité, du temps de la ligue des Étrusques, étaient habitées par une population considérable. On a trouvé, dans les endroits les plus pestilentiels, des ruines qui attestent que là étaient les fameuses villes de Populonia et de Vetulonia. Ces riches et puissantes cités disparurent sous les empereurs romains, et ce ne fut que dans le moyen âge, à l'époque de la prospérité des républiques italiennes, que l'homme reconquit son ancien domaine. Les deux villes républicaines de Massa et de Grossetto remplacèrent, à peu près sur le même terrain, les antiques cités de Populonia et de Vetulonia, et, à l'abri de la tour de leur hôtel de ville, les campagnes voisines se couvrirent de nouveau d'habitations et de cultivateurs; mais bientôt, à la suite des révolutions et des guerres qui bouleversèrent l'Italie au commencement des temps modernes, l'agriculture disparut de ces contrées avec leur civilisation et leur liberté, les maladies pestilentielles éteignirent une à une les familles, les survivants héritèrent des morts. A défaut d'habitants dans un village, la commune voisine hérita de tout le territoire abandonné; et, à la fin, des communautés, presque dépeuplées elles-mêmes, se trouvèrent propriétaires des territoires de sept ou huit de leurs voisines devenues désertes. Des villes, jadis de sept à huit mille habitants, finirent par ne plus servir que de repaires aux sangliers et aux loups. Quant aux cités importantes de Massa et de Grossetto, elles étaient, au commencement de ce siècle, réduites à quelques centaines d'habitants en été, un peu plus en hiver.

Ce qui se passa dans la *maremme* à ces époques désastreuses se produisit aussi dans les parties les plus basses de l'intérieur de la Toscane ; des cours d'eau débordèrent, des marais franchirent leurs limites, et de fertiles vallées furent transformées en réservoirs d'eaux stagnantes, dont les miasmes pestilentiels, en décimant les populations d'alentour, étendirent au loin leur funeste influence sur l'agriculture.

Enfin, dans ces derniers temps, des gouvernements éclairés et amis de leur pays, se servant des forces de la nature, contraignirent les eaux à réparer les dommages qu'elles avaient causés. Ils eurent recours, pour cela, à une méthode, aujourd'hui encore très-employée en Toscane, où elle est connue sous le nom de *colmáta* (*comblée*). Cette méthode, très-ingénieuse, consiste à mettre à profit la quantité, souvent fort considérable, de limon que charrient certains cours d'eau, surtout après des pluies abondantes, qui leur apportent, en les grossissant, une partie de la terre végétale qu'elles ont, dans leur course, enlevée aux flancs des montagnes et des collines. On a soin d'entourer préalablement de digues la portion de vallée dont on veut exhausser le sol ; puis, au moyen d'une saignée, on y amène en temps opportun l'eau aussi trouble que possible d'une rivière voisine. Le limon ne tarde pas à former un dépôt, et on fait écouler le liquide devenu clair. On arrive, par ce moyen, à exhausser, en assez peu d'années, d'une quantité très-notable une vallée inculte et marécageuse, au point de la rendre fertile et saine. Il est bien entendu que les *comblées* ne sont possibles qu'autant que la disposition des lieux permet l'introduction et l'écoulement des eaux, qu'elles ne sont profitables qu'autant que la rivière dont on dispose charrie un limon fertile. Il y a, en effet, des cours d'eau en Toscane qui ne roulent qu'un pur gravier dont le dépôt dans une vallée ne produirait qu'une comblée stérile. Aussi c'est une bonne fortune que d'avoir près de soi un de ces fleuves fécondants qui peuvent en une seule fois laisser un dépôt de 3 ou 4 pouces ; il faut alors peu de *comblées* pour obtenir un résultat satisfaisant.

Les simples particuliers ne sont pas souvent en mesure d'entreprendre de pareils travaux ; toutefois j'en ai observé en cours d'exécution sur une propriété de M. le marquis Bartolomméi, de Florence. Plusieurs ordres religieux en ont autrefois conduit à bonne fin de très-importants ; mais, si l'on veut aujourd'hui voir quelque chose d'intéressant en ce genre, il faut aller visiter les travaux entrepris sur les biens du grand-duc régnant dans cette partie de la *maremme* que traverse l'Ombrone, du côté de Grossetto, vers la frontière romaine. Ce sera tout à la fois un grand service rendu au pays et un fait bien curieux pour les contemporains que de restituer à la culture une contrée jadis fertile et deux fois déjà, à de longs intervalles, ruinée, grâce à l'incurie des hommes, par les forces de la nature abandonnées à elles-mêmes. Au point de vue matériel, l'avantage qu'en retirera la Toscane est aussi d'une haute importance ; il s'agit, en effet, de gagner environ 30,000 hectares de terre et d'assainir une province.

3° Climat.

Le climat de la Toscane est un des plus agréables de l'Italie et, par conséquent, du monde. Les chaleurs de l'été y sont ordinairement rendues très-supportables par un vent frais qui, s'élevant vers le milieu du jour, vient jusque dans les plaines tempérer les ardeurs du soleil.

Considérée sous le point de vue agricole, la Toscane peut être classée dans la région des Oliviers ; la température pendant toute l'année y est, en effet, très-favorable à la végétation lente, mais continue de cet arbre. Il n'en est pas de même des Orangers, dont la santé, beaucoup plus délicate, ne peut guère s'accommoder d'un pays où il gèle quelquefois ; aussi cet arbre ne se rencontre-t-il presque nulle part en Toscane, excepté sur quelques points privilégiés qui doivent à un abri ou à toute autre circonstance un climat exceptionnel, et encore les quelques pieds qu'on y cultive en pleine terre appartiennent-ils à la variété la plus *rustique*, celle des Orangers amers, dont le fruit n'a que peu de valeur. Quant à la variété plus délicate des Orangers doux ou de Portugal, elle ne peut réussir qu'en espalier, entourée des précautions les plus minutieuses, ou mieux encore dans des caisses.

Ces différences dans le climat de la Toscane sont dues à la chaîne de montagnes qui traverse le pays d'un bout à l'autre. A quelques pas de distance, on trouve, sur le versant septentrional, une terre qui, par son élévation au-dessus du niveau de la mer et son exposition directe au vent du nord, peut à peine supporter la culture du Châtaignier ou du Chêne-liége, et au pied de la même montagne, du côté du midi, un vallon bien abrité où les rayons vivifiants du soleil d'Italie engagent l'agriculteur à risquer la culture des plantes les plus sensibles au froid. Ces grandes variations dans la température d'une même contrée ne sont pas sans agrément pour le voyageur, qui se trouve ainsi frappé presque en même temps par la vue des cultures des pays les plus éloignés.

4° Coup d'œil général.

On a donné à la Toscane le nom de *jardin de l'Italie*, titre au moins aussi bien mérité que celui beaucoup plus flatteur de *paradis* attribué au royaume de Naples par quelques géographes. A voir, en effet, ces nombreuses rangées d'arbres qui viennent, à chaque instant, couper les plaines toscanes et les égayer, à voir les pampres qui forment, d'arbre en arbre, des guirlandes et des festons, à voir surtout ces gracieuses collines et leurs ornements de verdure et de *villas*, on se croirait dans un vaste jardin. Sans doute, le soleil de

Naples donne à la nature, dans l'Italie méridionale, une teinte chaude et animée qu'on ne trouve pas au même degré dans la patrie de Dante ; mais, en revanche, il y a, dans les collines toscanes et dans leurs vallons, quelque chose de si doux et de si coquet, qu'il est impossible de n'en pas être saisi. Naples est capable d'inspirer ces grandes passions qui absorbent l'âme et dominent l'intelligence ; la Toscane, au contraire, produit ce plaisir calme, ce doux entraînement qui n'en est pas moins un bonheur, parce qu'il laisse à l'esprit toute sa liberté. Aussi, même après avoir parcouru ces pays enchanteurs qui, sous le nom de Pouille et de Calabre, s'avancent dans cette belle mer Ionienne, le voyageur comprend qu'un poëte ait exprimé le vœu que le monde tout entier ressemble à la Toscane. « *Deh ! che non è tutto Toscana il mondo,* » s'écrie quelque part Vittorio Alfieri, le grand tragique italien.

Ces paroles paraîtront, j'en suis sûr, une impardonnable exagération à tous ceux qui, venant de Rome en suivant la route qui passe par Sienne, entreront pour la première fois en Toscane ; le jardin de l'Italie se présente, en effet, bien mal de ce côté. Après avoir traversé à gué (si les eaux le permettent) le torrent qui sépare les États romains de la Toscane, on gravit une montagne au sommet de laquelle se trouve la triste ville de Radicóffani. Je dis ville, bien que les douaniers constituent presque à eux seuls la population de cette malheureuse bourgade. De Radicóffani on descend dans un pays si triste et où les maisons se trouvent si clair-semées, qu'on se croirait presque dans un désert. A gauche, l'œil du voyageur se perd dans ces immenses solitudes, qui se terminent à la mer par les maremmes pestilentielles dont nous parlions il n'y a qu'un instant ; à droite, l'horizon se termine aux Apennins, dont les sommets arides se dressent à distance.

Je me rappelle encore la triste impression que me fit éprouver ce site, il y a quelques années, lors de mon premier voyage en Italie. Nous avions attendu longtemps à la douane de Radicóffani, et le soir nous surprit bien avant que nous eussions pu joindre le gîte que notre *vetturino* nous avait destiné. Il n'y avait, du reste, pas à choisir ; nous allions coucher à la seule auberge qui existe sur la route. C'est une maison isolée qu'on appelle la *scala*. Ce nom, qui désigne également les ports du Levant (*scala*, échelle), me paraît convenir parfaitement à cette auberge, qui, par sa situation, rappelle les oasis des grands déserts, ou l'un de ces ports que les navigateurs, fatigués par un gros temps, appellent de tous leurs vœux. Nous aussi nous avions hâte d'arriver ; mais, depuis Rome, nous voyagions avec les mêmes chevaux, couchant le soir dans les auberges de la route, selon l'usage de beaucoup de *touristes*, surtout de ceux qui veulent avoir le loisir d'examiner la campagne sur leur passage. Les pauvres rosses qui nous traînaient étaient tellement à bout, que, prenant pitié d'elles, nous descendîmes de voiture à la première côte un peu rapide, résolus de gagner à pied notre gîte, éloigné encore de plusieurs kilomètres. Nous marchâmes ainsi pendant longtemps sans rencontrer rien qui nous annonçât le voisinage d'une habitation , seulement nous entendions par intervalles les aboiements de quelques chiens ; mais la soirée était si calme, et ces bruits nous paraissaient si affaiblis par la distance, que nous les supposions venir des montagnes qui s'élèvent dans le lointain. La solitude de ce désert nous sembla si absolue ,que nous crûmes, un moment, avoir quitté le grand chemin. Nous retournâmes sur nos pas pour nous en assurer; mais bientôt une borne milliaire vint nous prouver que nous étions toujours sur la grande route de Rome à Florence. Nous reprîmes courage , et quelque temps après nous atteignîmes, bien avant notre *vetturino*, la pauvre auberge de la *scala*, que nous saluâmes avec bien plus de joie que jamais voyageur n'en témoigna en présence des hôtels les plus brillants et les plus *confortables* de Londres ou de Paris.

Ce n'est que bien après la *scala*, presque à Buon Convento, petite ville voisine de Sienne, que l'on commence à rencontrer un sol riche et bien cultivé. De Sienne à Florence, un chemin de fer tout nouvellement construit transporte le voyageur au milieu de ces riantes collines que la locomotive franchit ou traverse avec une rapidité surprenante pour tous ces braves gens accoutumés à voyager avec un *vetturino*, qui mettait douze ou quinze heures à faire le chemin qu'on parcourt aujourd'hui en quelques instants.

Une fois arrivé à Florence, on est au cœur de la vraie Toscane, c'est-à-dire de ce charmant pays qu'on n'ose plus décrire après tant et de si inimitables peintres de la nature.

En quittant la fleur des cités (*Fiorenza, fior delle città*), et ses collines couvertes de tant de *villas*, qu'il semble, dit l'Arioste, que le sol les fasse germer, on descend, du côté de la mer, dans les plaines de Péscia, de Pise, de Lucques, etc. Situées au nord et sur la rive droite de l'Arno, qui les arrose, ainsi que deux de ses affluents, le Sérchio et la Niévole, ces campagnes sont les plus fertiles et les mieux cultivées de la Toscane ; mais elles doivent à l'industrie de leurs habitants les riches moissons qui les couvrent aujourd'hui. Plus basses que la plupart des cours d'eau qui les traversent, elles sont sujettes à des inondations qui finiraient, si on n'y prenait garde, par les réduire à l'état de marécages malsains, de vraies *maremmes*. Ce danger n'est pas chimérique ; il suffit, pour s'en convaincre, d'ouvrir l'histoire. On y voit que, dans un temps pas trop éloigné de nous, sous Côme Ier de Médicis, la plaine de Pise, déserte par suite des malheurs qui suivirent la chute de cette fameuse république, menaçait de devenir une *maremme* pestilentielle comme celle de Grossetto. Grâce à l'administration sage et active de princes éclairés, parmi lesquels brille au premier rang Pierre-Léopold, ces contrées furent sauvées des eaux et rendues à l'agriculture. Sans doute Pise n'est plus, comme aux XIe et XIIe siècles, cette ville peuplée de 150,000 habitants, cette puissante république qui faisait trembler ses rivales ; mais, si sa population intérieure est réduite à un cinquième, ses campagnes sont, au moment où j'écris ces lignes, dans un état très-satisfaisant de prospérité agricole.

5° Habitants, langue.— Villes et campagnes. — Cultivateurs. — Métayers. — Mezzaiuóli.— Livellaires, leurs mœurs, leur nourriture. — Ouvriers.

Géographiquement et politiquement, cette petite contrée, que nous venons de parcourir rapidement, peut être considérée comme le cœur de l'Italie ; elle en occupe, en effet, à peu près le centre, et sa population mérite, par ses mœurs, son intelligence, son degré de civilisation, d'être classée très-avantageusement parmi les peuples, non-seulement de la Péninsule, mais encore de l'Europe ; et puis, s'il est vrai que ce qui caractérise par excellence une nationalité, ce soit la langue, nulle part la nationalité italienne n'est indiquée par un idiome plus correct qu'en Toscane. J'ai parcouru les campagnes, je me suis arrêté et j'ai couché dans les plus petits villages, et partout j'ai trouvé un dialecte digne d'être comparé, pour sa pureté, à celui des bons auteurs. Souvent j'ai entendu de simples paysans employer des expressions qui me faisaient songer à Dante ou à Boccace, et bien des fois j'ai pensé que de pauvres filles d'auberge pourraient, dans la conversation, faire rougir de leur ignorance certaines grandes dames de Naples ou de Milan.

Pourtant, au point de vue agricole, nous ne pouvons nous empêcher de regretter qu'un usage, malheureusement trop répandu en Italie, se soit aussi enraciné en Toscane. Nous voulons parler de l'habitude fâcheuse où sont les propriétaires de résider quand même dans les villes. Au lieu de vivre à l'aise dans les campagnes, en exploitant leurs terres, bien des gens se gênent afin de suivre la mode, qui veut que l'on passe, les bras croisés, son existence dans une ville, que l'on quitte seulement en automne pour aller, pendant quelques semaines, aussi parce que c'est la mode, passer aux champs la saison de la *villegiatura*. Cette habitude date de longtemps en Toscane. A la chute de ces fameuses républiques du moyen âge, où le commerce était si prospère, beaucoup de négociants, pour employer leurs capitaux improductifs, acquirent des terres ; mais ils ne les firent pas valoir eux - mêmes , peut-être à cause du peu de sécurité que présentaient les campagnes dans ces temps de troubles. Plus tard, une foule de petits capitalistes achetèrent aussi des biens ruraux, puis, la mode tournant aux titres de noblesse, ils employèrent le reste de leurs écus à l'acquisition de quelque patente, et restèrent dans les villes pour faire parade de leur blason. De tout cela il est résulté que ce pays n'a pas, comme l'Angleterre, la France, la Belgique, etc., un nombre assez considérable de riches propriétaires, de capitalistes résidant à la campagne, quittant même les villes pour consacrer leur intelligence et leur argent à la culture du sol.

Aussi, au lieu de rencontrer, comme chez nous, en parcourant les campagnes, des exploitations importantes dirigées avec ordre et intelligence par le propriétaire lui-même, ou par un fermier auquel ses ressources pécuniaires permettent de faire les dépenses qu'exigent les améliorations agricoles, on ne trouve, en Toscane, que de petits *poderi* de la contenance de quelques hectares, tenus par de pauvres diables qui, généralement, ne sont même pas fermiers.

Les conventions qui existent entre les propriétaires du sol et les cultivateurs toscans n'ont aucun rapport avec ce qui se passe en pareil cas dans notre pays. Au lieu des baux à terme fixe, qui sont universellement en usage parmi nous, on a recours à des contrats qui en diffèrent par leur nature et par leur durée. Selon l'essence même de la convention, on peut diviser les preneurs de ces baux tout particuliers en deux classes qui comprennent à peu près toutes les personnes qui s'occupent d'agriculture pratique, savoir

1° Les métayers ,
2° Les livellaires.

Les premiers, que dans le pays on appelle *mezzaiuóli*, sont les plus nombreux. Beaucoup de cultivateurs de la plaine et presque tous ceux de la colline sont *mezzaiuóli*; on peut les comparer à ce que nous appelons en France des colons partiaires. Le propriétaire fournit, outre sa terre, les bâtiments d'exploitation, qui, du reste, n'ont jamais grande valeur, et tout ou partie du matériel. Le *mezzaiuólo* s'oblige à exécuter tous les travaux, et, chaque année, ordinairement à la Saint-André, on fait un règlement de compte à la suite duquel les fruits se partagent par portions égales. C'est de cette répartition égale des fruits entre le propriétaire du sol et le preneur que dérive le nom du contrat (*mezzeria*, d'où *mezzaiuólo*), qui exprime l'idée de partage par moitié. Outre ces conditions générales auxquelles est soumis le *mezzaiuólo*, il en est encore d'autres moins importantes et plus variables, telles que l'obligation de fournir une certaine quantité d'œufs, de poulets, etc., pour tenir lieu de la part, toujours difficile à établir, du propriétaire dans les produits de la volaille, l'obligation de blanchir tout ou partie de son linge, ou d'aller en ville l'aider dans certains travaux du ménage, tels que faire la lessive, etc., etc.; ces usages rappellent un peu les bons offices que certains de nos fermiers du bon vieux temps rendaient à leurs propriétaires.

Les métayers, comme on le voit, ressemblent beaucoup à des domestiques ordinaires. Ce sont, à proprement parler, des domestiques associés. Ils n'ont point de bail ni aucun titre qui leur donne le droit de conserver leur exploitation à la fin de l'année agricole, mais il est bien rare qu'ils soient expulsés ; la plupart du temps ils se succèdent de père en fils sur le même *podére*. Le maître (*il padróne*, c'est ainsi qu'ils l'appellent) les regarde, en quelque sorte, eux et leurs enfants, comme attachés pour toujours à sa terre ; de leur côté, ils s'en considèrent aussi comme des accessoires inamovibles.

Le propriétaire qui n'a qu'un nombre peu considérable de métayers, exploitant près de la ville qu'il habite, traite d'ordinaire directement avec eux. Il se charge lui-même de la surveillance de ses intérêts, du partage, à effectuer à la fin de l'année, des produits de sa terre ; mais le propriétaire plus riche, ou empêché par quelque circonstance, de faire lui-même ses affaires, a recours au ministère d'un employé qu'on désigne en Italie sous le nom de *fattore*. C'est une sorte de régisseur qu'on place sur les lieux, avec mission de veiller à ce que rien ne soit fait, par le *mezzaiuólo*, contrairement aux intérêts du propriétaire.

Outre ce double système de *mezzeria*, avec surveillance directe ou indirecte, il y en a encore un autre que certainement nos agriculteurs du nord trouveront fort extraordinaire, peut-être même fort mauvais. Au lieu de traiter avec le cultivateur, le propriétaire s'arrange avec un *affittuário*, auquel il cède sa terre pour un temps limité. Cet intermédiaire, qui est un vrai fermier, ne cultive pas non plus; il cède à son tour la terre à un certain nombre de métayers proportionné à l'étendue du domaine. Cette sorte de contrat, qui n'est avantageuse ni pour le propriétaire ni pour le *mezzaiuólo*, n'est, du reste, guère employée qu'à l'égard des biens des établissements publics, des communautés religieuses, etc., et encore voit-on certains couvents d'hommes dont les procureurs traitent directement avec les métayers, et jouent ainsi le rôle de *fattori*, parcourant les campagnes, fréquentant les foires, etc., etc.

Nous arrivons maintenant à la seconde classe des cultivateurs toscans, celle des *livellaires*.

Les *livellaires*, ainsi appelés aussi du nom de la convention en vertu de laquelle ils exploitent leurs terres, ont une position beaucoup plus indépendante, et sont, en général, plus à leur aise que les *mezzaiuóli*. Le titre sur lequel est basé leur droit est une sorte de bail emphytéotique, d'une durée indéterminée. Moyennant une redevance fixe en argent ou en denrées, ils deviennent maîtres du sol pendant quatre générations successives.

Ainsi, *mezzaiuóli* et *livellárii*, voilà les deux classes qui renferment à peu près toutes les personnes qui s'occupent, en Toscane, d'agriculture pratique. On chercherait longtemps avant de trouver, comme chez nous, des grands propriétaires cultivant eux-mêmes leurs terres et résidant habituellement au centre de leur exploitation. Pour moi, j'ai seulement rencontré dans mes courses quelques fermes tenues, pour le compte du propriétaire, par des agents immédiats. Je citerai, entre autres, le bel établissement de M. le marquis Bartolomméi, de Florence, dans le val de Niévole. Sur les terres de cette exploitation (connue dans le pays sous le nom de *fattoria delle case*), dont j'aurai occasion de parler encore, j'ai remarqué, entre autres améliorations, des *comblées* pratiquées sur un terrain marécageux, qui bientôt sera ainsi rendu à la culture. Je me plais d'autant plus à constater ce progrès, qu'il constitue un exemple à suivre par d'autres propriétaires, au grand profit de l'agriculture toscane.

Les mœurs de tous ces petits cultivateurs sont simples ; elles se ressentent de leur pauvreté et de l'isolement dans lequel ils sont forcés de vivre. Les habitations rurales sont, en effet, dans les contrées méridionales, bien plus disséminées dans la campagne qu'elles ne le sont dans notre pays. En Toscane, toutes ces petites fermes (*podéri*), dont les plus importantes ne comptent pas les hectares par dizaines, sont situées près du coin de terre qui les constitue. Leurs habitants, vivant toujours en famille, n'ayant de communications fréquentes qu'avec un très-petit nombre de voisins, contractent des habitudes calmes, sobres, économes. Ils travaillent pendant toute la semaine ; le dimanche, ils assistent aux offices de l'église la plus voisine, puis, en général, ils passent le reste de la journée d'une manière fort paisible, les hommes sans aller au cabaret, les filles et les garçons sans danser. Cette vie paraîtrait bien monotone aux habitants de nos campagnes du nord de la France, habitués à des distractions d'un tout autre genre. Que sera-ce donc si, interrogeant les mœurs plus intimes de ces populations, nous arrrivons jusqu'à la vie de famille ? En franchissant le seuil de ces maisons de paysans de la plaine ou de la montagne, on dirait vraiment que les mœurs patriarcales s'y sont perpétuées jusqu'à nos jours. Chez quelques-uns d'entre eux, on croirait se trouver près du foyer domestique d'un père de famille du temps de Cincinnatus, ou tout au moins de Caton.

La puissance paternelle a conservé dans les mœurs de ces hommes un peu agrestes l'autorité que lui donnait la législation de Rome antique. Il n'est pas rare, en effet, de voir des enfants plus que majeurs continuer de vivre sous la tutelle de leur vieux père, versant, sans mot dire, tout le fruit de leurs travaux dans la bourse commune. Il arrive même quelquefois, à la mort du chef de la famille, que son fils aîné prend sa place. J'ai même lu, dans un auteur digne de foi, qu'il n'est pas sans exemple que, l'aîné se mariant, tous les autres continuent de rester sous ses ordres, travaillant alors pour la nouvelle famille, pour leurs neveux et leurs nièces.

Après ces quelques lignes sur les mœurs, il ne sera peut-être pas sans intérêt de dire un mot touchant la nourriture de ces pauvres familles. Leur *ordinaire* n'est pas bien somptueux, et la viande n'y entre que par exception, et encore chez les plus aisés d'entre eux. Les légumes et surtout les Haricots en forment, avec le pain, une partie essentielle ; mais il est une chose qu'on en peut considérer comme la base, et que je ne dois pas passer sous silence, c'est la *polenta*. Ce mot est italien et désigne un mets éminemment italien. Sa préparation est assez simple : on jette, dans une marmite pleine d'eau bouillante, de la farine de Maïs (Blé de Turquie) ; on assaisonne comme on le désire, on remue pendant cinq à six minutes, et on a de la *polenta*. On peut alors, si on a eu soin de faire la bouillie assez épaisse, la couper, au moyen d'un fil, par morceaux qu'on rend plus appétissants en les faisant griller au-dessus des braises.

Les montagnards emploient, au lieu de farine de Maïs, de la farine de Châtaignes, et obtiennent ainsi une *polenta* que beaucoup de personnes trouvent plus délicate. C'est de cette dernière qu'on mange par régal dans les maisons de ville les plus élégantes. Sans doute nos gastronomes, habitués des *Frères provençaux* et du *Café de Paris*, trouveraient assez barbare et assez mauvais ce mets favori des paysans italiens ; mais nous autres, élevés au milieu des champs, nous le comparons à certains plats de notre enfance, et, songeant aux *vitelots* qui nous réjouissaient tant autrefois, nous trouvons tout naturel que le montagnard des Apennins et des Alpes mêle le mot de *polenta* à ses chants les plus joyeux.

Telles sont les mœurs, la manière de vivre, les habitudes des cultivateurs toscans. C'est à dessein que nous n'avons point encore parlé de ceux des habitants de la campagne qui, n'exploitant pas eux-mêmes, travaillent moyennant salaire pour le compte d'autrui. Avec une culture si morcelée, le nombre des simples ouvriers est excessivement restreint, surtout dans les plaines situées au nord de l'Arno. Le paysan, *il contadino* (c'est le nom qu'on donne à ces pauvres petits chefs d'exploitation) fait tous ses efforts pour ne pas dépenser d'argent. A l'aide de sa famille et d'une paire de bœufs, il tâche de venir à bout des travaux les plus indispensables, et, dût-il même négliger sa besogne, il n'emploie d'ouvriers que lorsqu'il y a nécessité absolue, comme pour la moisson ; mais il est alors obligé de chercher au loin ces aides momentanés auxquels le défaut habituel d'ouvrage ne permet pas de s'établir dans le pays même.

6° De la culture en général. — Irrigations. — Engrais. — Instruments aratoires. — Vanga. — Charrue, etc. — Billons (pórche).

Malgré l'exiguïté des ressources de ceux qui les exploitent, certaines vallées de la Toscane méritent de fixer l'attention d'un observateur curieux de s'instruire. Nous citerons, par-dessus toutes les campagnes qui avoisinent Lucques, Pise, Péscia, etc. Le Sérchio, la Niévole, et même l'Arno, qui les arrosent, sont sujets à déborder ; mais, d'un autre côté, ces cours d'eau peuvent être mis à profit pour des *comblées* ou des irrigations, et le riche terrain d'alluvion qui constitue ces vallées témoigne en faveur du limon que les eaux tiennent à la disposition du cultivateur. On n'a plus guère besoin aujourd'hui de recourir aux *comblées* dans cette partie de la Toscane ; mais les irrigations sont susceptibles d'y rendre de grands services, et elles en rendent en effet. Le système d'irrigation le plus complet que j'aie eu occasion d'étudier en Toscane est celui de la campagne de Lucques. Les paysans lucquois, qui passent pour fort industrieux, savent tirer parti des eaux du Sérchio, torrent très-capricieux qui, abandonné à lui-même, ne manquerait pas de dévaster les campagnes qu'il fertilise aujourd'hui. Les soins les plus assidus ne réussissent même pas toujours, dans les années très-pluvieuses, à éviter tout dommage, et on se rappelle qu'il y a environ vingt-cinq ans on fut obligé d'avoir recours à un moyen extrême pour sauver la ville de Lucques, sur laquelle le torrent menaçait de se précipiter ; au moyen d'une saignée faite à une digue, on détourna les eaux sur une plaine voisine, et telle fut la violence avec laquelle elles se précipitèrent par cette issue, qu'aujourd'hui même encore on distingue les traces des dégâts qu'elles causèrent alors.

C'est au moyen d'un canal dérivé du Sérchio que bon nombre de terres de la campagne lucquoise reçoivent les bienfaits de l'irrigation. Les travaux d'art sont entretenus par l'autorité, qui reçoit de chaque propriétaire une somme proportionnelle à l'étendue de sa terre et à l'usage qu'il fait des eaux. Les paysans lucquois attachent une grande importance à cette pratique ; aussi, lorsque leurs champs sont trop élevés pour que l'eau puisse naturellement y arriver, ils prennent la peine de la monter avec des seaux dans un réservoir d'où elle se distribue, au moyen de rigoles, sur la surface de leur terre. Cette irrigation extraordinaire leur demande au moins quarante à cinquante journées d'homme par hectare ; mais pas plus pour ce travail que pour la plupart des autres ils n'ont recours à des ouvriers : plusieurs petits cultivateurs se réunissent pour faire en commun la besogne de chacun d'eux.

L'importance des engrais est un point qui n'est pas échappé à la sagacité des cultivateurs toscans ; aussi ont-ils toujours fait les plus grands efforts pour s'en procurer, et des plus riches. Il y a longtemps que beaucoup d'entre eux emploient, sous le nom de *pózzo-néro*, ce puissant engrais liquide dont nos cultivateurs de la Flandre font tant de cas. Le fumier des animaux y est aussi très-estimé, et on attend, pour s'en servir, qu'il soit beaucoup plus fait qu'il ne l'est généralement chez nous lorsque nous l'employons. Seulement il est une chose qui m'a frappé, c'est l'usage où l'on est de répandre, chaque année, une certaine quantité de fumier sur la même terre, au lieu, comme chez nous, d'en conduire une masse beaucoup plus considérable, mais à des intervalles moins rapprochés.

Quant aux façons principales qu'il est d'usage de donner à la terre, on a là-dessus une pratique et des idées qui tiennent probablement beaucoup au système de petite culture, presque exclusivement adopté dans le pays. Au lieu d'employer les instruments expéditifs, tels que la charrue, on donne la préférence, pour les labours un peu profonds, à l'outil à la main, à la *vanga*. C'est une bêche qui a beaucoup de ressemblance avec la pelle dont nous faisons usage dans nos cours de ferme pour remuer la boue et le fumier trop fait ; le manche, fort long, porte, tout près du fer, une petite traverse sur laquelle on pose le pied pour, en appuyant, faire entrer plus facilement l'instrument dans la terre. Le fer, qui tient le milieu, pour la forme, entre celui de nos bêches ou pelles et celui de nos louchets, est un triangle isocèle dont le sommet est dirigé en bas. Les paysans manient cet instrument, assez lourd, avec beaucoup d'habileté et sans trop se fatiguer ; en appuyant sur la traverse adaptée au bas du manche, ils font entrer facilement d'abord la pointe et ensuite tout le fer de leur outil dans le sol ; puis, par une *pesée* adroite sur le bout du long manche, ils retournent la terre sans effort. Malgré toute leur habileté, il leur faut cependant une cinquantaine de journées pour défoncer 1 hectare. Quelque long que soit ce procédé de culture, il est adopté par la généralité des agriculteurs toscans comme le seul capable de purger une terre des mauvaises herbes, et de donner un labour complet et profond. Aussi tout le monde y a recours, si ce n'est tous les ans, au moins de temps en temps. Il est vrai que la charrue tos-

eane n'est pas construite pour pouvoir faire un travail satisfaisant; c'est une espèce de *binois* dont le fer ressemble
beaucoup à celui de la *vanga*. Nous devons aussi dire que l'u-
sage de cette charrue n'est pas très-commode dans des champs
que viennent couper à chaque instant des fossés et des lignes
d'arbres; pourtant les instruments aratoires perfectionnés, qui
commencent à s'introduire dans le pays, pourront, à la longue, amener une révolution dans les usages de l'agriculture.
J'en ai remarqué un certain nombre dans mes courses; je
citerai, entre autres, des herses quadrangulaires construites sur
un bon modèle. Au reste, l'habitude d'exécuter avec la bêche
les labours principaux n'est pas spéciale à la Toscane, elle
existe presque dans toute l'Italie; seulement la forme des
instruments qu'on emploie varie dans beaucoup de contrées,
surtout dans le midi, où, au lieu de la *vanga*, on se sert de la
zappa, sorte de houe qui a beaucoup d'analogie, pour la
forme et le maniement, avec les pioches employées chez nous
pour les défrichements.

L'humidité du sol, dans beaucoup de plaines, y a fait
adopter la culture par billons, qu'on désigne dans le pays
sous le nom de *pórche*. Cette méthode, qui consiste à partager
le terrain en longues plates-bandes bombées, est également
pratiquée dans le centre de la France; elle offre l'avantage de
présenter aux eaux un écoulement facile dans les petits fossés
qui séparent les billons; mais elle doit gêner pour les travaux
d'ensemencement.

7° Ensemencements. — Particularités. — Récoltes en terre.

Le climat favorisé de la Toscane fait sentir toute son influence sur les ensemencements; dans ce pays comme dans
toutes les contrées de l'Italie situées au sud des Apennins, on
sème constamment en automne certaines plantes que la rigueur de nos climats nous engage à cultiver comme grains
de mars. Je citerai l'Avoine et la Fève. La Toscane a bien
aussi ses récoltes de printemps; mais elles se composent, en

général, de plantes dont la culture en grand ne serait pas possible sous le climat rigoureux du Nord. Exemple : le Maïs. Quant à l'époque des semailles, le cultivateur y jouit d'une bien plus grande latitude que chez nous ; ne craignant pas d'être pris au dépourvu par un hiver hâtif, il peut presque toujours prolonger ses semailles d'automne jusque fort avant en saison, quelquefois même jusqu'au moment où on peut commencer celles du printemps ; de sorte qu'il est permis de dire (et cela est confirmé par l'expérience) qu'il est possible, en Toscane, de semer en tout temps. Le Blé se sème ordinairement en novembre, mais, dans certaines contrées exceptionnelles, il est vrai, comme la plaine de Lucques, on ne sème qu'en décembre, on attend même quelquefois jusqu'au 20 janvier ; tandis que dans les terres argileuses et compactes, situées de l'autre côté de l'Arno, on est obligé de se hâter, de peur que les pluies abondantes de l'automne ne rendent le sol *intraitable*. On sème alors le Blé en octobre ; quant à l'Avoine, dont on ne fait, du reste, qu'une assez faible quantité, elle se sème avant le Blé.

Le Trèfle se sème en février dans une céréale, et se couvre à la herse.

Le Maïs se sème en avril.

Plusieurs légumineuses se sèment tantôt au commencement, tantôt à la fin de l'hiver.

J'ai vu des Fèves semées en décembre, et des Vesces en février. L'une et l'autre récolte présentaient une belle apparence.

Sous le rapport des cultures que l'on donne aux récoltes en terre, la Toscane n'offre rien de bien remarquable. De toutes les plantes que nous venons de citer, celle qu'on entoure de plus de soin est le Maïs. Beaucoup de cultivateurs répandent dessus des engrais liquides, et le sarclent soit à la main, soit avec la houe à cheval.

8° Moissons. — Battage. — Conservation des grains.

Tous ces travaux sont généralement exécutés par les cultivateurs eux-mêmes, aidés de leur famille; mais, lorsque arrive la moisson, il se présente un tel surcroît d'ouvrage, que force est d'avoir recours à des mains étrangères. On voit alors descendre des collines qui environnent Florence et Empoli ces ouvriers qui, du nom de leur pays, sont appelés, par ceux qui les emploient, *Fiorentini*. Ils se répandent dans les plaines de Pise, de Lucques, etc., aussitôt que les Blés commencent à blondir, c'est-à-dire dans le mois de juin (les Avoines se coupent avant les Blés).

L'instrument dont se servent les moissonneurs est la faucille; mais on ne suit pas exactement partout la même méthode pour scier les Blés. Dans la campagne de Pise, on ne coupe guère que les épis. L'ouvrier, au moyen de brins de Seigle qu'il porte à la ceinture, lie ce qu'il vient de couper, en paquets qu'il dépose sur les longues éteules, où on les laisse sécher pendant quelques jours; puis on les réunit en bottes, que l'on conduit à la ferme, où on les laisse, abrités du mieux qu'on peut, jusqu'au moment du battage. Quant aux longues éteules qui sont restées dans le champ, on les scie, plus tard, pour la nourriture du bétail, auquel on les donne hachées; faute de grange pour les emmagasiner, on les entasse autour d'une perche, en meules rondes, dont j'ai souvent admiré l'habile construction. L'hiver, au fur et à mesure des besoins, on en coupe une portion avec une bêche très-tranchante.

Dans d'autres contrées, dans la campagne de Lucques, par exemple, au lieu de laisser d'aussi longues éteules, on coupe le Blé à pied; mais, en définitive, pour le battage, le résultat est le même. Comme on veut éviter de broyer et de salir la longue paille, on a soin, au moment de battre, de scier avec une faucille les gerbes à la naissance de l'épi. La paille se met en meule, comme nous venons de le dire, et les épis seuls sont jetés sur l'aire.

Le battage se fait à ciel ouvert, sur un terrain à ce destiné. Suivant l'ancienne méthode, on se contentait de fouler, de battre le sol et de l'enduire de bouse de vache détrempée dans l'eau ; mais, aujourd'hui, on a introduit l'usage des aires permanentes en mortier hydraulique, qu'on recouvre soigneusement de paille, pendant la mauvaise saison, pour les préserver des injures du temps. On choisit une belle journée pour cette opération du battage ; plus le soleil est ardent, mieux la besogne se fait : aussi réserve-t-on les matinées pour les travaux préparatoires, et la fin du jour pour le nettoiement du grain, dont le vent plns frais, qui s'élève vers le soir, est l'agent principal. On jette le Blé en l'air avec des pelles ; la paille, plus légère, se déplace au gré du vent, et le grain retombe plus perpendiculairement, moins bien nettoyé, saus doute, qu'avec nos vans perfectionnés, mais pourtant débarrassé de la plus forte partie de ses balles. Quant aux épis battus, et aux brins de paille qui restent sur l'aire, où ils ont été broyés, ils servent à combler la meule dont nous parlions tout à l'heure, et à la protéger contre les pluies.

Ces travaux se font promptement, avec l'aide des voisins, et surtout ils se font gaiement. C'est une grande fête dans les campagnes toscanes que la fête du battage. La ménagère n'épargne rien de ce qu'elle a pour satisfaire ses hôtes, ni vin, ni friandises. Les jeunes gens, après quinze heures d'un rude travail, emploient joyeusement une partie de la nuit à danser. C'est aussi, à peu près, leur seul bal de l'année, à ces pauvres gens, qui ne connaissent guère les distractions du dimanche, comme on les entend dans nos villages.

Une fois le Blé battu et vanné tant bien que mal, il s'agit de l'emmagasiner. L'usage de le conserver dans des excavations est assez commun en Toscane. Dans une terre compacte, imperméable à l'eau et aux animaux malfaisants, on creuse des petites citernes appelées, dans la langue du pays, *buche*. Le grain, préalablement bien séché au soleil et défendu par un revêtement en paille contre l'humidité des parois de la *buca*, s'y conserve bien. Au bout d'un temps assez long, on trouve seulement qu'une petite quantité de grain, à la partie supérieure, a contracté une odeur de moisi ; mais tout le reste est intact.

9° Assolements. — Lupins enfouis comme engrais. — Culture lucquoise. — Paille pour chapeaux. — Assolement des collines. — Val de Niévole. — Trèfle-engrais. — Assolements de Meleto. — Colmate di monte.

Avant de passer à d'autres sujets plus spéciaux à la Toscane, jetons un coup d'œil sur des faits qui concernent l'agriculture de tous les pays, et qui ont partout la plus haute importance. Nous voulons parler des assolements.

Les assolements usités en Toscane fournissent à l'observateur un sujet d'études très-curieuses. Il y a déjà fort longtemps que cette partie si intéressante de l'agriculture théorique et pratique se présente, dans les plaines fertiles situées au nord de l'Arno, sous un aspect qui mérite d'attirer toute l'attention des agronomes. D'après un auteur digne de foi, vers la fin du dernier siècle, alors que, dans nos contrées aujourd'hui si fières des progrès de leur agriculture, on voyait encore un tiers du sol cultivé en jachères, les assolements que voici étaient depuis longtemps déjà pratiqués (avec succès) dans les pays dont nous parlons en ce moment.

Premier assolement... — triennal.

Première année. — Blé (grano); puis Lupino, en automne.

Deuxième année. — Blé; puis, en automne, une plante fourragère.

Troisième année. — Maïs (Blé de Turquie), Millet ou Sagine.

Deuxième assolement... — quadriennal.

Première année. — Blé; puis, pour l'automne, Maïs entremêlé de Haricots (*fagiuóli*).

Deuxième année. — Blé; puis Lupins, en automne.

Troisième année. — Blé; puis fourrage en automne.

Quatrième année. — Maïs (*gran turco*), Millet ou Sagine.

La terre, comme on le voit, est, avec le premier de ces assolements, ensemencée cinq fois en trois ans, et avec le second sept fois en quatre ans; mais faisons remarquer que ces nombreuses récoltes n'ont pas toutes pour résultat d'appauvrir le sol. Il en est même une qui n'a d'autre but que de l'engraisser; je veux parler des Lupins.

Le lupin (*Lupinus albus*, de Linné) est une plante légumineuse, annuelle, dont la tige, divisée en un grand nombre de branches grosses, dures, presque ligneuses, s'élève à 2 ou 3 pieds de hauteur. C'est après la récolte du Blé, quand on a eu le temps de donner une façon à la terre, c'est-à-dire ordinairement en août ou en septembre, qu'on sème cette plante. Au bout d'un mois ou deux, elle a déjà atteint la hauteur de 15 à 18 pouces, et quelque temps avant les semailles on peut l'enfouir comme engrais. Cette opération porte, dans la pratique locale, le nom de *soverci* ou *rovesá*, et on dit qu'elle réussit merveilleusement à fertiliser le sol; mais il paraît que cette propriété du Lupin en herbe existe à un degré bien supérieur dans sa graine, qui, assurent certains praticiens, concentre en elle toute la vertu *fertilisante*.

Un kilogramme ou 2 de Lupins chauffés de manière à les empêcher de germer suffiraient, placés au pied d'un arbre fruitier, d'un Olivier languissant, pour lui rendre toute sa vigueur. Les jardiniers qui se servent de ce puissant engrais, en très-petite quantité, pour fumer des vases d'Orangers, en place de crottin de cheval, obtiennent, dit-on, des effets surprenants.

La Toscane n'est, au reste, pas le seul pays qui emploie le Lupin comme culture améliorante; on s'en sert aussi en France, mais je ne pense pas qu'on lui ait jamais attribué, chez nous, des propriétés bienfaisantes à un si haut degré (voir le *Cours d'agriculture* de MM. Payen et Richard, t. Ier, p. 380; Paris, 1851). En dépit de cet engrais d'un genre tout particulier, les deux assolements que nous venons d'indiquer paraîtront bien extraordinaires à nos praticiens du Nord. Pourtant il existe encore, en Toscane, une autre méthode de culture, je ne sais si on peut dire un assolement bien plus capable d'épuiser le sol. J'eus occasion de l'observer dans la campagne de Lucques, et, malgré tout ce que je savais de la facilité avec laquelle les plantes végètent dans ces riches vallées, je fus tellement surpris, que j'eus besoin, pour demeurer convaincu de la réalité du fait, de l'attestation des personnes les plus dignes de foi.

Voici en quoi consiste ce genre de culture :

Sur fumier, et en terre *défoncée* avec la *vanga*, cette sorte de bêche que nous venons de décrire, on sème du Blé ; puis en juin, immédiatement après avoir coupé le Blé, quelquefois le jour même, on met en terre du Maïs (Blé de Turquie), entre les lignes duquel on place des Haricots et d'autres plantes encore. Les Haricots se récoltent en septembre, puis les autres plantes, et enfin le Maïs en octobre ou novembre. La terre devenue libre, on la cultive, et on la fume pour recommencer cet assolement tout particulier, qui ne dure qu'un an, pendant lequel on fait deux récoltes de céréales ; cependant il arrive que la terre se fatigue d'une pareille culture renouvelée tous les ans. Alors, pour, comme on dit dans le pays, rompre l'assolement, il est d'usage de recourir non pas à une jachère, mais à un changement de culture pendant une année. C'est quelquefois à la Fève qu'on s'adresse ; mais il n'est pas rare qu'on ait recours à l'Orge, c'est-à-dire à une céréale, pour alterner avec d'autres céréales. Je livre ce fait aux méditations de nos agronomes, qui pensent, non sans raison, qu'on ne doit pas cultiver deux céréales de suite.

Il ne faut pas, du reste, perdre de vue les conditions exceptionnelles dans lesquelles se trouve la campagne de Lucques, tant par sa position que par l'industrie de ses habitants. Les irrigations, le fumier qu'on donne à la terre avant le Blé, le *pozzo nero*, qu'on répand sur le Maïs lorsqu'il lève, la douceur du climat font comprendre cette admirable fertilité dont jouit la vallée du Sérchio. L'immense avantage qu'elle a de voir mûrir en juin du Blé semé en décembre, ou même en janvier, explique comment il est possible d'y obtenir ainsi toujours plusieurs récoltes dans la même année. Toute la plaine toscane est loin d'être soumise à un assolement pareil à celui de la campagne de Lucques ; cependant on peut dire d'une manière générale que partout on pèche par une culture trop souvent répétée des céréales. Toutefois nous devons constater que l'usage de faire des prairies artificielles commence à s'introduire dans la pratique, mais il y a encore beaucoup à faire. Jusqu'à présent la presque totalité des bonnes terres est occupée par du Blé et du Maïs.

On ne fait que peu d'Avoine et assez peu de Seigle, si ce n'est dans les endroits où cette dernière plante est cultivée pour obtenir de la paille propre à faire ces chapeaux d'un tissu si fin que nos dames connaissent sous le nom de *chapeaux de paille d'Italie*. C'est surtout entre Sienne et Florence qu'on se livre à cette culture toute spéciale. On a soin de semer très-dru, en décembre, le Seigle qu'on destine à cet usage et de le couper avant qu'il soit mûr.

Dans ces mêmes campagnes, qui sont assez montueuses et un peu plus au nord, là où le sol est, en général, plus compacte que celui des vallées des environs de Pise et de Lucques, la pratique a assez communément adopté un assolement triennal ainsi composé :

Première année. — Blé.

Deuxième année. — Blé, puis récolte dérobée.

Troisième année. — Maïs (Blé de Turquie) entremêlé de Haricots (on sarcle cette récolte).

Je ne parle pas des engrais ; on suit, à cet égard, la méthode ordinaire, c'est-à-dire on fume tous les ans, mais en petite quantité.

Si l'on s'aperçoit que la terre se fatigue, on rompt l'assolement par une prairie artificielle qu'on laisse durer plusieurs années.

Après cet exemple d'un assolement dans la colline, revenons à la plaine, qui nous a fourni, presque exclusivement jusqu'ici, nos sujets d'observation, et examinons un assolement, fort singulier, que suivent aujourd'hui les cultivateurs d'une des parties les plus fertiles du val de *Niévole*. Cet assolement, en apparence très-rationnel, est Maïs, Blé, Trèfle.

A première vue, on le croirait triennal, pourtant il ne dure que deux ans. La première année, dans une terre bien cultivée avec la *vanga* (à deux reprises, pour arriver à la profondeur de deux fers de l'instrument), on met du Maïs; vient ensuite le Blé, dans lequel on sème, vers la fin de l'hiver, du Trèfle, auquel on fait donner une coupe dès la première année. Ici nous arrivons à ce que la pratique offre d'extraordinaire, je dirai même d'incompréhensible. Au commencement du printemps de la troisième année, au moment où le Trèfle promet plusieurs coupes abondantes, on donne à la terre ce profond labour à la *vanga*, qui la prépare pour le Maïs, plante qui exige un sol en bon état. Il est facile de s'imaginer quelle dut être ma surprise lorsque, dans mes courses, je rencontrai des paysans occupés à enfouir des Trèfles de la plus belle venue. Je leur fis part de mon étonnement, et leur demandai la cause d'une pratique si bizarre. Ils me répondirent que c'était un excellent moyen d'entretenir la fertilité du sol, et prétendirent que tous ceux qui manquent d'engrais devraient y recourir. La même réponse me fut faite par ceux des cultivateurs de cette contrée auxquels je communiquai mes objections. Quoi qu'il en soit de ces raisons, il est, ce me semble, permis de trouver mauvaise une pratique qui ne voit rien de mieux à faire, pour suppléer au manque d'engrais, que d'enfouir des récoltes dont les produits abondants pourraient nourrir une notable quantité de bétail. Les exemples que je viens de citer suffisent pour donner une idée de ce qu'étaient autrefois et de ce que sont aujourd'hui les assolements dans les campagnes toscanes; je craindrais, en les multipliant davantage, de lasser la patience des personnes qui ont bien voulu me suivre jusqu'ici. Pourtant, après avoir parlé de la pratique routinière, il ne serait pas sans intérêt de dire un mot des changements que la science a cru devoir y apporter; aussi j'espère qu'on ne me saura pas mauvais gré de noter ici l'assolement introduit par un savant agronome dont j'aurai, sous peu, à exposer plus longuement les travaux utiles et importants.

Voici quel est l'assolement adopté par **M. Ridolfi** sur le sol montueux de sa terre de Meleto, située entre Sienne et Florence. (C'est sur cette même terre que **M. Ridolfi** a fondé l'école d'agriculture dont nous aurons à nous occuper tout à l'heure.)

En plaine, ou plutôt dans les vallons qui aboutissent au cours de l'Elsa :

Première année.—Blé, dans lequel on sème, en février, du Trèfle, qu'on ne coupe pas cette première année.

Deuxième année. — Trèfle.

Troisième année. — Blé, puis, en juillet, récolte dérobée d'Orge ou de Vesce.

Quatrième année. — Sur fumier, Maïs (Blé de Turquie).

Sur les coteaux dont les pluies abondantes enlèvent assez facilement la terre végétale :

Première année. — Blé, dans lequel on sème une prairie artificielle, qu'on a soin de ne couper ni faire manger la première année, afin de lui donner le temps de bien s'enraciner.

Deuxième, troisième, quatrième années. — Prairie artificielle.

Cinquième année. — Avoine.

M. Ridolfi ne fume qu'une seule fois dans le cours de l'assolement, en plaine, et jamais en colline, à cause de la facilité avec laquelle les pluies abondantes entraîneraient avec elles tout engrais.

Cette tendance qu'ont les eaux de dépouiller les sommités au profit des parties plus basses a été utilisée par **M. Ridolfi** dans son domaine de Meleto.

Au moyen de fossés habilement creusés, il parvient à répartir plus convenablement sur la surface d'un coteau la couche de terre végétale qui occupe les parties les plus élevées. Ce procédé est connu depuis longtemps en Toscane sous le nom de *colmate di monte* (*comblées* de montagne).

On a pu remarquer que, dans tout ce que nous venons de dire au sujet des assolements, il n'a point été fait mention de deux plantes qui occupent une place des plus importantes dans notre agriculture du nord de la France. Nous voulons parler de la Betterave et du Colza. Ces deux plantes n'ont guère encore été introduites, en Toscane, qu'à titre d'essai.

Les riches vallées de l'Arno, de la Niévole, du Sérchio, etc., fourniraient à la Betterave (*Barbabiétola*) un sol profond et fertile, dans lequel elle pourrait s'enfoncer avec la plus grande facilité. Mais, à l'exception des endroits où l'on peut avoir recours aux irrigations, la sécheresse serait, partout ailleurs, un grand obstacle à la culture de cette plante. La Toscane n'est pas, comme notre pays, une contrée à pluies *estivales*, ce n'est guère qu'en automne qu'il y tombe de l'eau en certaine abondance. Il pleut alors quelquefois trop; mais il n'est plus temps pour que la Betterave en puisse profiter. Tout le monde sait, en effet, que c'est surtout pendant l'été que la Betterave a besoin d'eau, pour qu'elle puisse grossir et donner des produits satisfaisants.

Il n'en est pas de même du Colza, lequel, occupant le sol pendant l'hiver, se trouve, en Toscane, dans les conditions les plus favorables à sa végétation.

Il n'a été encore, jusqu'à présent, que peu cultivé. Mais les agronomes les plus éclairés sont d'avis qu'il est susceptible de rendre de grands services au pays. Sans doute, sa culture n'aurait jamais l'importance qu'elle a acquise dans nos contrées du Nord, où elle forme la base de nos assolements les plus parfaits et les plus productifs; mais elle pourrait, dans des circonstances données, être une grande ressource pour le cultivateur et pour le pays. L'Olivier, dont les fruits fournissent la plus grande partie de l'huile qu'on consomme dans le Midi, donne des récoltes très-inégales. Après une année d'abondance, vient souvent une année de disette presque absolue; le Colza pourrait alors, au moins en ce qui regarde les huiles de qualité inférieure, remplacer les Olives, et cela avec d'autant plus d'aisance qu'on est toujours fixé sur le produit des Oliviers bien avant la saison de semer ou de planter le Colza. Le cultivateur serait même averti, d'une manière assez précise, par le prix des huiles, de l'avantage qu'il pourrait retirer de cette culture. Il serait même possible, grâce à la douceur des hivers, dans les vallées toscanes, d'y placer le Colza entre deux récoltes, comme culture *dérobée,* pourvu, bien entendu, qu'on pût disposer d'une suffisante quantité d'engrais. M. Cúppari, directeur de l'école de Pise, a parfaitement réussi en plantant du Colza, en décembre, après du Blé, et au bout de quelques mois la terre était libre pour recevoir du Maïs (gran turco).

10° Cultures diverses. — Oliviers. — Vigne. — Mûrier.

Ce que nous venons de dire jusqu'ici, quoique vrai pour l'ensemble du territoire toscan, est néanmoins plus spécialement applicable à l'agriculture de la plaine. Nos études se rapportent même plus particulièrement aux vallées de l'Arno, de la Niévole et du Sérchio, c'est-à-dire à ces riches contrées qui s'étendent au nord de l'Arno, du côté de Pise, de Lucques, de Péscia ; mais, nous l'avons déjà dit, ces plaines sont loin d'être toute la Toscane. Une partie considérable du territoire, occupée par la chaîne des Apennins et ses ramifications, prend le nom de montagne et de colline.

La montagne, sous le rapport agricole, n'a presque rien de commun avec la plaine. Les produits des Châtaigniers qu'ils entretiennent avec assez de soin forment une des principales ressources de ses habitants, occupés, pendant la plus grande partie de l'année, à soigner leurs troupeaux. La récolte des Châtaigniers a lieu en novembre, et il paraît que 1 hectare de terre planté en Châtaigniers produit environ **200** *hectolitres* de ces fruits, qui tiennent une place si importante dans le régime alimentaire des montagnards.

La colline, qui s'étend à une grande distance autour de la capitale, notamment vers Émpoli et Sienne, diffère de la plaine, sous le rapport agricole, en ce qu'elle donne une grande importance à des cultures qui ne sont qu'accessoires dans les pays plats. On a déjà compris que je fais allusion à la Vigne, à l'Olivier, etc.

L'Olivier a besoin, pour réussir, d'un climat tempéré. Des feuilles qui ne tombent pas et restent vertes pendant toute l'année, des fruits qui mettent un temps très-long à se former et à mûrir, indiquent un arbre à végétation lente, mais continue, dont la vie ne peut pas impunément être suspendue pendant longtemps, comme cela arrive, en hiver, aux arbres de nos climats. L'Olivier, toutefois, est assez robuste pour supporter une gelée, même forte, pourvu qu'elle soit de courte durée ; mais, si le froid se prolonge, l'arbre engourdi perd sa vitalité, et le retour de la chaleur ne peut plus le réveiller de sa léthargie. Cette nature toute particulière de l'Olivier l'a fait prendre, par les agronomes, comme une des bases de la division qu'ils ont établie entre les climats considérés sous le point de vue agricole. Ils ont placé dans la région des Oliviers les pays dans lesquels les gelées sont assez fortes pour tuer les Orangers, mais pas assez pour en bannir les Oliviers. De même qu'ils ont classé dans la région de la Vigne les contrées moins chaudes, où pourtant le Raisin mûrit assez parfaitement pour pouvoir être converti en vin ; de même aussi qu'ils ont rangé dans la région du Pommier les pays plus froids, où les fruits de cet arbre servent à préparer une liqueur qui est employée comme boisson ordinaire par les habitants.

La Toscane peut être rangée dans la partie chaude de la région des Oliviers , puisque certaines expositions y permettent même la culture des Orangers amers, sinon des Orangers de Portugal. L'Olivier y réussit parfaitement, y acquiert une taille élevée, et on doit le considérer comme une des principales richesses du pays. Une bonne récolte peut donner vingt barils d'huile (le baril toscan vaut 44 litres) par hectare. Malheureusement rien n'est variable comme ces récoltes, et souvent elles sont presque nulles.

Les Olives, qui mettent les deux tiers de l'année à croître et à mûrir, se récoltent au commencement de l'hiver; on se sert, pour les broyer, de meules en grès, que l'on fait tourner verticalement sur une table en matière très-dure. L'appareil ressemble beaucoup à ces *tours* dont nous nous servons pour écraser les Pommes à cidre. Après avoir été exprimée au moyen du pressoir, l'huile est, d'ordinaire, renfermée dans des vaisseaux en terre.

La Vigne occupe une place importante dans l'agriculture toscane; on en trouve beaucoup en colline et aussi dans la plaine, dont elle est, pendant l'été, un des plus beaux ornements. Comme dans plusieurs autres contrées du Midi, on est dans l'usage de la marier à dés arbres de différentes espèces, et cela de plusieurs façons. Tantôt on la plante à égale distance de deux arbres assez rapprochés, qui lui servent de *contre-espalier*, et tantôt au pied même d'un arbre, qui lui sert ainsi de tuteur, du haut duquel ses rameaux s'élancent gracieusement vers d'autres supports.

Certains crus de la Toscane produisent du vin très-agréable, mais les procédés défectueux mis en usage pour le faire nuisent beaucoup à sa qualité. On se borne en effet, généralement, à fouler le Raisin dans une cuve, et au bout d'un certain temps on décante le liquide que l'on obtient ainsi sans le secours du pressoir. Le résidu, mêlé à quelques seaux d'eau, sert à faire, par le même procédé, une égale quantité de piquette.

On se sert, en Toscane, pour les vins, de ces grands tonneaux dans lesquels un homme entre pour les nettoyer.

Le Mûrier, cultivé en Chine dès la plus haute antiquité, passa en Grèce, dans le vi^e siècle, sous Justinien.

Vers 1148, lors de l'expédition de Roger le Conquérant contre Manuel Comnène, il fut transporté, avec des ouvriers habiles dans l'art d'élever les vers à soie, en Sicile, d'où on l'introduisit dans les campagnes de Lucques et de Péscia, dont il devint la richesse principale. La Toscane tout entière s'en ressentit. Florence comptait alors trente mille ouvriers dans la seule corporation de la soierie (c'est à peu près le nombre de ses habitants mâles adultes d'aujourd'hui). Mais, peu à peu, la ruine du commerce amena l'abandon d'une culture qui ne donnait plus de bénéfices et qu'on ne conservait que par habitude ; aussi le Mûrier est bien loin de tenir aujourd'hui, dans l'agriculture toscane, la place qu'il occupait il y a quelques siècles. Il semble cependant que d'habiles agronomes, hommes d'Etat intelligents, s'occupent, en ce moment, à faire renaître dans leur pays cette culture, qui paraît si avantageuse dans d'autres contrées de la péninsule, notamment dans les plaines de la Lombardie, dont elle est une des grandes richesses. J'ai remarqué, en parcourant les campagnes toscanes, quelques plantations nouvelles, parmi lesquelles je citerai celles de M. Ridolfi, à Meleto : elles appartiennent à la variété dite *des Philippines*, et ont souffert pendant l'hiver de 1849, qui fut d'une rigueur peu ordinaire en Toscane.

11° Du bétail. — Cheval. — Bœuf. — Fromage à la parmesane. — Une cascina du val de Niévole. — Moutons.

Les chevaux, qui occupent dans notre agriculture du Nord une place si importante, ne sont pas employés, en Toscane, aux travaux des champs ; aussi en rencontre-t-on beaucoup plus dans les villes que dans les campagnes. Un certain nombre de cultivateurs, pourtant, ont l'habitude d'en avoir un dont ils se servent pour faire leurs courses ; ils l'attellent à de petites voitures à deux roues, montées sur soupentes, que l'on désigne, dans le pays, sous le nom de *barrocini*, et qui ont le mérite de l'originalité tout autant que les *corricoli* napolitains. Le barrocino n'est ni élégant ni *confortable* ; il est fort souvent vieux et délabré (ce qui pourrait permettre de supposer qu'on n'en fait guère de neufs), il n'est jamais bien doux ; mais, si vous êtes un peu cahoté, vous avez l'avantage de voyager promptement. Ces petits chevaux, d'une couleur foncée, d'une allure qui tient du trot et de l'amble, et dont, à les voir, vous ne donneriez pas grand argent, vont un train auquel ne résisteraient certainement pas la plupart de nos élégants chevaux de luxe.

Les bêtes à cornes sont très-nombreuses en Toscane ; elles

constituent presque exclusivement le bétail de la plaine, où la grande division de la culture ne permet guère d'entretenir des moutons. Les bœufs, agents principaux, pour ne pas dire exclusifs, des travaux agricoles, appartiennent à une très-bonne race ; ils sont forts, grands, bien *bâtis*, et ont le poil d'un gris blanc. Le prix en est assez élevé ; une bonne paire de bœufs coûte de 5 à 600 francs. On est dans l'usage de les faire travailler deux à deux, au moyen d'un joug double qu'on leur pose sur le garrot. Cette méthode est très-commode, en ce que les animaux n'ont pas besoin de traits ; on y supplée en attachant au milieu du joug la flèche d'une voiture ou d'une charrue, ou tout autre objet que l'on veut mettre en mouvement ; pour bride, on leur introduit dans les naseaux un instrument en fer, espèce de tenailles, avec lequel on doit les faire obéir assez facilement.

Les vaches, qui appartiennent à une race qui n'est pas à dédaigner, m'ont paru avoir du sang suisse (du canton de Schwitz). On m'a dit, du reste, qu'il y avait eu des croisements ; mais il est assez difficile de suivre la généalogie de ces animaux, à cause de l'usage où sont les cultivateurs d'acheter de jeunes bêtes pour les revendre plus tard avec un petit bénéfice.

La base de la nourriture des bêtes à cornes est, partout, la paille hachée, avec mélange de Trèfle pareillement haché, là seulement, bien entendu, où cette plante, si utile, a été introduite dans la culture. Aussi le hache-paille, plus ou moins perfectionné, souvent fort élementaire, est l'instrument indispensable qu'on rencontre jusque dans les plus petites fermes. Une pareille nourriture rend les râteliers inutiles, et on ne voit que des auges dans les étables. Quant à la litière, elle est ordinairement de paille de Maïs (Blé de Turquie). Dans les environs des grandes villes, on nourrit mieux les vaches à lait, qui donnent des produits d'un prix plus élevé. Le lait se vend, à Florence, 3 *crazie* (0,21), et, à Pise, 14 centimes, le litre ; le beurre se vend très-cher, jusqu'à près de 3 francs le kilo.

La fabrication du fromage n'a pas, jusqu'alors, pris une grande extension en Toscane; cependant les essais qui ont été faits ont été couronnés de succès, et qui sait si, un jour, certaines vallées toscanes ne pourront pas soutenir la concurrence de Parme et de Lodi? Nous avons visité, dans le val de Niévole, une *cascina*, où l'on fabrique du fromage parmesan qui nous a paru avoir très-bonne mine. M. le marquis Bartolomméi, de Florence, qui en est propriétaire, a fait achéter à la foire de la Toussaint, à Lugano (canton du Tessin), pour garnir le nouvel établissement, un certain nombre de fort belles bêtes suisses, qui ont coûté jusqu'à 3, 4 et même 500 francs. Comme on entretient ces vaches pour ayoir du lait, on est dans l'habitude de ne pas faire teter les veaux, qu'on vend soit aux cultivateurs, soit aux bouchers. On trait deux fois par jour, pendant six à sept mois, après chaque veau. Les bonnes *laitières* donnent environ 14 litres de lait par jour.

Pendant le séjour que nous fîmes dans cette terre pour étudier les détails de son intelligente administration, nous assistâmes aux manipulations de la laiterie; on eut même l'obligeance de commencer exprès pour nous, à sept heures du soir, les opérations qui n'ont lieu, d'ordinaire, qu'à trois heures du matin.

Nous vîmes d'abord faire le beurre. La crême fut battue, en notre présence, dans une baratte fixe et verticale, dont le piston est mû par une roue de volée qui lui transmet le mouvement de va-et-vient. Puis le beurre fut façonné avec une meule qui lui imprimait pour inscription ces mots : *fattoria delle case* (c'est le nom de l'établissement). Le lait écrémé, qui venait de donner 2 pour 100 de beurre, était du lait de trente-six, vingt-quatre et douze heures. On le mit dans une chaudière, où il fut porté, par un feu clair, à la température de 25 à 30°. La présure fut alors ajoutée, et le caillé ne tarda pas à se former. On enleva le petit-lait; après quoi on remua et on divisa, le plus possible, la masse solidifiée. On fit usage, pour cela, d'un instrument qui ressemble beaucoup à un moussoir à chocolat; c'est un bâton armé, par un bout, de baguettes transversales qui lui donnent l'air d'un perchoir à perroquet. Le fromager lui imprima, entre ses mains un rapide mouvement de rotation en conséquence duquel les baguettes transversales agitèrent vivement le caillé et le divisèrent. C'est alors que, après avoir été convenablement *égoutté*, il fut mis dans un moule. On obtint 6 pour 100 de fromage, quantité supérieure à celle du caséum indiqué par les analyses chimiques; mais on n'avait obtenu que 2 pour 100 de beurre, et il y avait compensation. Cet excès de substance butyreuse améliorait sensiblement la qualité du fromage.

Les moules dont on fait usage à la *fattoria delle case* donnent aux produits la forme d'un cylindre aplati ou, pour parler plus clairement, d'une meule assez épaisse. Pour conserver les fromages, on les tient dans un endroit frais, dans une sorte de cellier. Pendant le premier mois on les saupoudre d'un peu de sel tous les deux jours; ensuite on les graisse deux fois par semaine avec de l'huile. Il leur faut, du reste, un temps assez long pour *se faire*, et ce n'est guère qu'au bout de dix-huit mois ou deux ans qu'ils sont vendus. Ils ont alors acquis une couleur brune qui indique leur ancienneté.

Nous quittâmes la *fattoria delle case*, où l'on entretient environ quatre-vingts vaches, en songeant aux services qu'elle doit infailliblement rendre à l'agriculture toscane.

Je venais d'écrire ces lignes sur la fabrication du fromage parmesan en Toscane, lorsque je pris connaissance des détails *plus circonstanciés* donnés sur la fabrication du même fromage en Lombardie, par M. Bürger, dans son ouvrage sur l'agriculture du royaume lombardo-vénitien (traduit de l'allemand par M. Victor Rendu, inspecteur de l'agriculture, Paris, 1842, chez Bouchard-Huzard, rue de l'Éperon, 5).

Mes détails sur la fabrication diffèrent légèrement de ceux donnés par M. Bürger, et j'engage vivement les personnes qui voudraient acquérir, sur ce sujet, des connaissances plus profondes à consulter l'ouvrage du savant agronome. On y verra aussi que M. le marquis Bartolomméi, sans le savoir, a réalisé un vœu exprimé par M. Bürger en dotant son pays d'une industrie dont quelques territoires assez peu étendus avaient jusqu'ici le monopole.

Les bêtes à laine appartiennent plus spécialement aux pays de grande culture, et nous avons déjà dit qu'on n'en voit guère dans les plaines toscanes ; mais, chassés de ces riches campagnes, où l'on cultive jusqu'au plus petit coin de terre, les moutons se sont réfugiés dans les montagnes. Là ils trouvent, pendant la bonne saison, à se nourrir sans trop s'éloigner de leur bergerie, et, lorsque arrive l'hiver, ils émigrent, descendent dans la plaine et dans la *maremme*, où, moyennant une rétribution, on leur permet de brouter l'herbe qui pousse dans ces vastes solitudes.

La race indigène ne m'a pas semblé bien remarquable, surtout sous le rapport de la laine, à la production de laquelle les cultivateurs toscans ne m'ont, du reste, pas paru attacher autant d'importance qu'on lui en donne dans beaucoup d'autres pays. Sans parler du lait des brebis, dont on tire parti, j'ai vu beaucoup de personnes élever des agneaux dans le but de les vendre tout jeunes au boucher.

Les amis du progrès avaient tenté l'introduction des mérinos, qui, par des croisements, auraient dû améliorer les laines indigènes ; mais j'ai ouï dire que cette race n'avait pas réussi comme on l'eût désiré.

Je n'ai pas trouvé, en parcourant la Toscane, que le bétail occupât la place qu'il doit tenir dans un pays dont l'assolement repose si exclusivement sur la culture des céréales ; aussi ai-je cru remarquer, d'après les renseignements qui m'ont été fournis, que les terres n'y produisaient pas autant de Blé que les nôtres de mêmes nature et qualité. Cette insuffisance du bétail tient au mode de culture par colons partiaires (*mezzaiuòlo*) ; le propriétaire qui n'est pas agriculteur se borne à acheter les animaux strictement nécessaires à

l'exploitation du sol, et le *mezzaiuólo*, qui a toujours vu cultiver ainsi, ne songe même pas à exciter son *maître* (*padróne*)
à faire l'avance de fonds que nécessiterait l'augmentation du
bétail.

Le voyageur, à première vue, même lorsqu'il ne s'arrête
pas, s'aperçoit, en passant à côté de ces pauvres petites fermes, de l'insuffisance du matériel d'exploitation ; au lieu de
ce vaste ensemble de constructions que présentent nos fermes du Nord, on ne voit le plus souvent dans une métairie
toscane, même importante, qu'un seul corps de logis, ordinairement surmonté d'un étage. Le petit tas de fumier et la
meule de paille dont nous avons déjà parlé indiquent seuls
qu'on a devant soi une ferme : pas de grange, pas de ces bâtiments accessoires que la rigueur de nos climats nous rend
indispensables ; à côté du logement du cultivateur et de sa
famille celui de la paire de bœufs qui partage ses travaux, et,
si la métairie est importante, celui de quelques génisses
qu'on nourrit pour les revendre ou pour en faire des vaches
à lait.

La couverture de tous ces bâtiments est composée de tuiles
dont la forme toute particulière attira mon attention ; on
les fabrique dans le pays, et j'en ai vu faire, dans les environs de Lucques, avec une terre dont la couleur rougeâtre
dénotait des traces de matières ferrugineuses. Ces tuiles sont
de deux sortes, différentes pour la forme et et la grandeur :
les plus grandes sont plates, quadrilatérales, avec deux de
leurs bords relevés ; les plus petites sont courbes et affectent
exactement la forme de nos gouttières de zinc ou de fer-
blanc. On place sur la toiture d'abord les premières, qui la
couvrent à peu près complétement, puis sur les joints qui
sont perpendiculaires au faîtage on met les secondes, retour-
nées de telle manière, qu'elles présentent leur convexité à la
pluie.

On se plaint, dans le pays, que certaines pluies abondantes
passent à travers ces couvertures : sans doute nos tuiles n'auraient pas le même inconvénient ; mais elles seraient plus

lourdes et plus coûteuses. Quant à nos *pannes*, tout me porte à croire que la pluie pénétrerait encore beaucoup plus facilement entre leurs joints. Je pense même qu'avec ces tuiles toscanes un bon ouvrier doit faire une couverture imperméable aux plus fortes pluies.

De l'enseignement agricole en Toscane.

Pour l'enseignement agricole, plus peut-être que pour aucun autre, il faut des hommes spéciaux et dévoués. Quand, surtout, il s'agit de fonder cet enseignement dans un pays, il est indispensable que ces hommes d'élite soient animés, si je puis m'exprimer ainsi, du *feu sacré* de l'agriculture. L'Allemagne a eu Thaër et Schwerz, la France Mathieu de Dombasle, et la Toscane peut citer M. le marquis Cosimo Ridolfi.

La tâche était au moins aussi difficile en Italie que dans les pays du nord et du centre de l'Europe. L'usage où étaient les propriétaires d'habiter la ville, laissant presque exclusivement à de pauvres colons partiaires le soin de cultiver la terre, était un grand obstacle aux améliorations agricoles ; mais la grandeur même de la difficulté sembla piquer l'amour-propre de M. Ridolfi et lui donner des forces.

Il se mit à l'œuvre un peu après 1830. Ce fut dans une de ses terres, à Meleto, qu'il établit son école d'agriculture. Il ne copia ni Hohenheim ni Roville ; mais il fit quelque chose de vraiment original, tout en profitant, avec habileté, de l'expérience de ses prédécesseurs. La *villa* qui s'élève au sommet d'une des collines qui composent le domaine fut disposée pour recevoir des pensionnaires ; il y en eut de deux sortes : les uns, payant pension, recevaient une instruction théorique et pratique supérieure; les autres, admis gratuitement, étaient plus spécialement dirigés vers le côté pratique de l'agriculture. Ce plan satisfait aux exigences agricoles de la plupart des contrées de l'Europe; mais il est surtout en harmonie avec les besoins de la Toscane et de toute l'Italie. En l'adoptant, M. Ridolfi devait avoir l'espérance très-fondée de rendre un grand service à son pays. D'un côté, il formait une pépinière d'hommes instruits et riches, dont l'exemple pourrait, avec le temps, faire renoncer beaucoup de propriétaires italiens à la vie oisive qu'ils mènent dans les villes, au lieu de s'occuper, plus avantageusement pour eux-mêmes et pour leur pays, de l'exploitation de leurs terres ; de l'autre côté, il dressait des enfants propres à devenir, plus tard, de bons régisseurs ou des métayers intelligents, et en cela encore il accomplissait une œuvre utile.

Mais, n'ayant pas à sa disposition les ressources du budget, M. Ridolfi n'avait fondé qu'un établissement particulier, et, si je puis m'exprimer ainsi, qu'une école en miniature. La *villa* de Meleto ne pouvait suffire qu'au logement de huit élèves et de douze enfants reçus gratuitement ; le surplus des jeunes gens accourus des différents points de l'Italie pour s'instruire était obligé de vivre dans une maison du voisinage. Cet état de choses devait peser à M. Ridolfi, dont les maximes, en fait d'éducation, sont empreintes d'une sage sévérité. Pensant avec raison qu'il ne suffit pas de parler à l'esprit, mais qu'il faut aussi s'occuper du cœur des jeunes gens, l'agronome de Meleto entourait ses élèves de soins particuliers et d'exemples irréprochables.

L'école de Meleto prespéra ainsi pendant l'espace d'environ huit ans, et elle produisit d'heureux résultats, jusqu'à ce que le gouvernement éclairé du grand-duc de Toscane, donnant par là un bel exemple à suivre à toute l'Italie, résolut de revêtir l'enseignement agricole d'un caractère public.

Aux facultés entre lesquelles se divisait l'enseignement universitaire, on en ajouta une nouvelle, sous le nom de *faculté des sciences agronomiques*, et on créa un diplôme de licencié ès sciences agronomiques.

Mais le résultat de cette innovation fut l'abandon du domaine de Meleto, abandon, selon moi, regrettable. Meleto, en effet, présentait des avantages pratiques difficiles à trouver ailleurs ; son sol, montueux et varié, se prêtait à l'essai de toutes les cultures ; et puis, chose qu'il ne faut jamais perdre de vue en agriculture, M. Ridolfi y avait amassé les éléments d'une riche moisson d'expériences.

Malgré cela, on transporta à Pise l'enseignement agricole.

En prenant cette détermination, on obéit à des considérations d'un autre ordre ; on profita des chaires de l'université de Pise, pour procurer aux élèves, sans surcroît de dépenses, des leçons de sciences accessoires. Peut-être aussi pensa-t-on, en mettant le nouvel enseignement plus en évidence, en l'exposant ainsi aux yeux de la jeunesse studieuse, servir d'autant mieux la cause du progrès agricole.

En conséquence, à l'ouverture de l'année scolaire 1840-41, en même temps qu'on introduisait une réforme complète dans le plan des études de l'université de Pise, on y créa une chaire d'agriculture, qui tout naturellement fut confiée à M. Ridolfi.

De cette façon, et avec l'aide des autres professeurs de l'université pour les sciences accessoires, on fonda un enseignement agricole satisfaisant, sous le rapport théorique du moins.

Cela, pourtant, était loin de suffire, et on sentit tout d'abord qu'il n'est guère plus possible d'enseigner l'agriculture sans une exploitation agricole que la médecine sans *clinique*. M. Ridolfi se chargea de combler cette lacune ; la tâche était difficile. Les élèves, pour l'instruction pratique desquels il s'agissait de se procurer cette exploitation, devaient en même temps suivre les cours de l'université ; il fallait donc faire choix d'une terre très-rapprochée de la ville, autant que possible même située dans les faubourgs.

Enfin, non sans peine, M. Ridolfi parvint à se procurer à la porte même et à l'est de Pise, au pied de la digue de l'Arno, une petite *villa* et quelques bâtiments qu'il fit disposer à usage de ferme. En même temps il fit l'acquisition de 27 quadrati (le quadrato est de 0, 34 ares) de terre y attenant. Le voisinage d'un fleuve sujet à déborder fréquemment en avait rendu le sol assez fertile ; mais les cultures *épuisantes* qu'on y pratiquait depuis longtemps l'avaient singulièrement amaigri. Une somme de **74,732** livres toscanes (la livre toscane vaut **0,84**) fut dépensée pour l'acquisition de ces bâtiments et de cette terre.

Pour le surplus des terres indispensables pour former une exploitation suffisante, il fallut s'éloigner davantage. A un quart d'heure de Pise, on acheta, pour la somme de **78,487** livres toscanes, environ 67 quadrati d'une terre argileuse, et naturellement beaucoup moins fertile que la précédente.

De ces deux sortes de terres, les premières pouvaient parfaitement servir comme modèles de petite culture; les secondes, par leur nature même, semblaient convenir aux cultures de plus grandes exploitations.

Ces opérations préliminaires demandèrent deux ans, et ce ne fut qu'à la fin de 1842 que *l'institut agronomique annexé à l'université impériale et royale de Pise* se trouva réellement constitué.

Son fondateur se voyait à la tête d'un petit corps de ferme et d'environ 35 hectares de terres de natures assez différentes, les unes à côté de ses bâtiments, les autres éloignées de 1 kilomètre. Il s'agissait alors d'adopter un plan de culture. M. Ridolfi fit choix de l'assolement quadriennal suivant :

Première année. — Plantes sarclées et spécialement légumineuses, tubéreuses, etc., cultivées sur un labour profond, et fumées à raison de seize voitures (16,000 kilog.) au moins par quadrato (0,34 ares).

Deuxième année. — Blé, avec Trèfle semé au printemps.

Troisième année. — Trèfle.

Quatrième année. — Blé, puis Carottes, Sarrasin ou autre culture dérobée.

M. Ridolfi ne proclama pas d'une manière absolue l'excellence de cet assolement; il le considéra, tout d'abord, comme un premier pas dans la voie des améliorations, comme le meilleur moyen d'amener graduellement ses terres à un état qui leur permît de supporter un autre assolement, auquel (selon ses propres expressions) on n'eût pas à reprocher les défauts que la rigoureuse application des principes scientifiques découvre et condamne dans ce premier.

Les points sur lesquels cette nouvelle méthode différait le plus de la vieille pratique étaient la manière de fumer et l'introduction du Trèfle.

Les cultivateurs toscans sont dans l'usage de répandre sur leurs terres, à peu près tous les ans, une petite quantité de fumier. M. Ridolfi, on vient de le voir, ne fumait que tous les quatre ans, la première année de l'assolement; mais il employait une quantité infiniment plus grande d'engrais. Cette nouvelle manière de procéder avait pour avantage d'épargner la main-d'œuvre, et de donner l'engrais à la récolte sarclée, celle qui s'en accommode le mieux, et surtout celle qui, par les travaux qu'elle exige, est le plus en état de nettoyer la terre.

L'introduction du Trèfle dans le nouvel assolement était une chose de la plus haute importance. Cette plante, si utile, n'était guère cultivée en Toscane, et son adoption devait rendre de grands services à une agriculture qui avait le défaut de fatiguer le sol par des récoltes trop souvent répétées de céréales.

A côté du Trèfle, et sur les terres hors d'assolement, M. Ridolfi introduisit la culture de la Luzerne, qui donne, en Toscane, de magnifiques produits.

Mais, en raison de la position exceptionnelle de l'institut à la porte de Pise, le mode de culture que nous venons d'exposer n'était pas le plus lucratif. M. Ridolfi n'ignorait pas qu'il eût été plus avantageux de profiter du voisinage d'une ville importante, pour se procurer des engrais, plutôt que de les produire avec ses propres bestiaux; mais agir ainsi, c'eût été perdre de vue le but principal de l'enseignement pratique, qui était de prouver qu'il est possible, au moyen d'un assolement bien combiné et en même temps lucratif, d'améliorer une terre sans acheter d'engrais. Ainsi isolé et réduit, à dessein, à ses propres ressources, l'institut de Pise pouvait servir de modèle à tous les cultivateurs placés dans une situation qui ne leur permet pas de se procurer d'autres engrais que ceux fabriqués par les animaux qu'ils entretiennent dans leurs fermes.

M. Ridolfi avait combiné son plan de culture de manière à entretenir une tête de gros bétail par hectare, se proposant, comme nous l'avons dit, de modifier, par la suite, ce plan selon les circonstances ; et il prouva, pendant sa gestion, qu'il savait faire plier devant l'expérience les idées que les abstractions de la science pure lui avaient suggérées ; entre autres choses, il renonça, sur certaines terres trop fortes, aux cultures *dérobées* que nous voyons inscrites à la fin de son assolement, après le dernier Blé.

A côté de ces cultures, qui peuvent servir de modèles pour le Nord comme pour le Midi, on avait songé à placer quelques-unes de ces plantes qui sont plus spécialement cultivées dans les contrées méridionales : des Vignes, des Mûriers des Philippines. Une circonstance fortuite permettait même de donner aux élèves l'exemple d'une *comblée* en petit.

Il manquait cependant, dans le petit domaine, quelque chose de bien important ; il n'y avait ni montagnes ni collines, et pourtant ces deux sortes de terrains occupent une place importante dans le territoire cultivé de la Toscane ; mais, pour combler cette lacune, on devait avoir recours, outre les démonstrations des professeurs, à des excursions, que rendent, aujourd'hui, très-faciles les chemins de fer, qui mettent Pise en communication avec toutes les parties de la Toscane.

Après avoir donné une idée du dehors, il nous reste à dire un mot de l'intérieur de notre institut agronomique : nous avons déjà dit que, par mesure d'économie, on acheta des bâtiments déjà anciens, que l'on disposa d'une manière convenable, tant pour l'habitation du directeur que pour les usages agricoles. On eut ainsi de quoi loger 1° une certaine quantité de bêtes à cornes (pas de chevaux), 2° quelques cochons, 3° un petit troupeau mérinos ; le tout formant une trentaine de têtes de gros bétail.

On trouva place, en outre, pour une machine à battre de Baker ; une fabrique d'instruments aratoires, destinée à rendre de grands services dans le pays ; un local pour recevoir des animaux malades, et former ainsi une clinique vétérinaire, chose importante dans un pays où il n'existe pas d'école spéciale pour cet art utile ; un emplacement, près de la porte d'entrée, pour une balance *à bascule*, instrument indispensable pour vérifier les entrées et les sorties, pour faire toutes les pesées, sans lesquelles il est impossible de tenir une exacte comptabilité.

M. Ridolfi resta, jusqu'en 1845, à la tête de l'école qu'il avait fondée. Pendant trois années, il dirigea la petite ferme de l'institut avec un zèle tout particulier, publiant après chaque campagne, pour l'instruction du public, un rendu compte dans lequel il exposait franchement la situation.

Le résultat pécuniaire de ces trois premières années n'a peut-être pas satisfait les esprits prévenus ; mais quiconque fait la part des circonstances avouera qu'il n'était pas possible de faire mieux.

Ces années, en effet, furent toutes défavorables. Sans parler de la première, dont le résultat ne peut être mis à la charge du directeur, puisqu'il ne fit que récolter ce que les précédents cultivateurs avaient semé, les autres années furent affligées d'une sécheresse et d'une inondation qui en diminuèrent singulièrement les produits.

Pour juger des résultats pécuniaires de l'institut de Pise, il faut donc mettre entièrement de côté ces trois premières années, d'autant plus que, quand bien même les saisons eussent été favorables aux récoltes, il eût toujours été bien difficile de retirer un grand produit de terres épuisées, qui, bien entendu, ne pouvaient ressentir les effets du nouvel assolement.

Mais la Toscane avait besoin des lumières de M. Ridolfi pour un poste de confiance, et les nouvelles fonctions qui lui furent confiées ne lui permirent plus que de jeter un coup d'œil à la dérobée sur l'œuvre qui lui devait l'existence.

Heureusement, on lui trouva dans un homme plus jeune (appartenant en agriculture à la même école) un successeur d'autant plus digne qu'on rencontrait en lui deux choses bien rarement réunies, un goût prononcé pour l'agriculture, et des connaissances scientifiques très-profondes et très-variées.

M. le professeur Pietro Cúppari s'était d'abord livré à l'étude des sciences naturelles (il les avait même professées), puis, en devenant avec l'âge de plus en plus pratique, il avait plus spécialement tourné ses vues vers l'examen des choses agricoles. Non content de connaître l'agriculture italienne, il avait quitté sa patrie et s'était mis à parcourir l'Europe. Après avoir assidûment fréquenté les leçons des habiles professeurs des plus fameuses universités de France, d'Allemagne, etc., après avoir séjourné dans les grandes écoles d'agriculture, il avait parcouru en observateur infatigable les parties les mieux cultivées de l'Angleterre, des Pays-Bas, de la France, de l'Allemagne; puis, riche d'une abondante moisson de science et d'observations, il était venu mettre ses lumières à la disposition du gouvernement toscan. L'institut agronomique de Pise était, depuis plusieurs années, sous sa direction lorsque j'allai le visiter.

A quelques pas de la porte orientale de Pise (qu'on appelle aussi *porta alle Piaggie*), dans un faubourg, tout près de l'Arno, je trouvai au-dessus d'une porte charretière ouverte, ces mots écrits en grosses lettres : ISTITUTO AGRARIO ; c'était précisément ce que je cherchais.

J'entrai, et à peine eus-je fais deux pas, que j'aperçus à ma gauche, à la porte de l'étable, M. Cúppari lui-même, qui me fit tout d'abord l'effet d'un de nos bons cultivateurs (ou d'un *gentleman farmer*), de ceux qui entendent le mieux les choses du métier. Après avoir fait connaissance, il me proposa le plus gracieusement du monde de visiter l'établissement, ce ce que j'acceptai de grand cœur.

Nous entrâmes dans l'étable, où se trouvaient un certain nombre de bêtes à cornes appartenant, pour la plupart, à la race du pays. Cependant j'aperçus, dans le nombre, une vache dont les formes attirèrent plus particulièrement mon attention. Elle portait, à peu de distance du garrot, une bosse analogue à celle des chameaux.

M. Cúppari me dit que cette bête était un présent d'Ibrahim-Pacha, qui était venu visiter l'établissement lors de son voyage en Europe. Elle était de pure race égyptienne, et avait été envoyée pleine d'un mâle qu'on était parvenu à élever pour en faire un taureau. Je le vis ; c'était un bel animal, bossu comme sa mère et un peu ombrageux. Depuis quelque temps on s'en servait pour la monte, et on allait ainsi expérimenter le croisement de la race égyptienne avec la toscane. On suivait, du reste, pour l'*élève* des veaux, une méthode capable de produire de beaux résultats ; on laissait teter les petits jusqu'à l'âge de trois mois.

Les animaux mangeaient un mélange de paille et de Trèfle hachés (leur ration journalière était de 12 kilog. de foin ; un peu plus pour les bœufs de travail). Cette nourriture était placée dans une auge basse et fort large, telle qu'on en voit dans les pays à agriculture avancée ; ces auges étaient disposées en long au milieu de l'étable, de sorte qu'on pouvait facilement passer devant les animaux, pour leur donner à manger, absolument comme on fait pour les poulets enfermés, pour les engraisser, dans ces cages connues sous le nom de *séminaire* ou *épinettes*. Non-seulement cette disposition des lieux est très-commode pour donner à manger aux animaux, mais encore elle a l'avantage, surtout lorsque les auges sont assez larges, d'éviter que la nourriture soit foulée aux pieds et gâtée, comme cela arrive souvent dans notre système de râteliers et d'auges étroites fixés contre le mur.

Une autre disposition avantageuse de l'étable permettait de recueillir les urines, qu'on conservait soigneusement dans une citerne pour les répandre sur les récoltes. Le tonneau employé à cet usage était muni, par derrière, d'un appareil mobile qui me parut fort ingénieux. Voici en quoi consistait cet appareil : pour les *semis* à la volée, c'était une planche sur laquelle étaient disposées de petites rainures de façon à répartir également sur le sol l'engrais liquide, au fur et à mesure qu'il sortait du tonneau, par un trou d'environ $0^m,4$ de diamètre. Pour les semis en ligne, on adaptait à cette ouverture un tuyau de cuir qui, en se bifurquant, amenait le liquide là seulement où on voulait le répandre, c'est-à-dire exclusivement sur les lignes.

M. Cúppari avait l'habitude de répandre de cet engrais liquide sur les Maïs d'un mois ou six semaines.

Les bêtes à cornes étaient tout le bétail de l'institut agronomique au moment où je le visitai. Je n'y vis point de chevaux. Quant au petit troupeau de mérinos dont j'ai parlé plus haut, M. Ridolfi avait donné le conseil de s'en défaire, à cause des dépenses qu'on était obligé de supporter pour le nourrir à l'étable à défaut de pâturages.

Entre autres choses que j'examinai avec attention dans ma visite à l'institut, je dois citer la fabrique d'instruments aratoires, où je remarquai des hache-paille (modèle de Londres), des herses quadrangulaires, etc.

Pendant tout le temps de mon séjour à Pise, j'eus plusieurs fois l'occasion de parcourir les terres qui dépendent de l'institut agronomique ; je les comparai aux champs voisins, et j'y remarquai les heureux effets de l'assolement introduit par M. Ridolfi et légèrement modifié par M. Cúppari.

Ainsi que nous l'avons vu plus haut, l'assolement de M. Ridolfi était quadriennal.

Première année. — Plantes sarclées sur fumier.

Deuxième année. — Blé.

Troisième année. — Trèfle.

Quatrième année. — Blé.

M. Cúppari, instruit par sa propre expérience et par celle de son prédécesseur, avait définitivement adopté deux assolements divers pour chacune des deux parties de nature différente qui composent le domaine.

Pour les terres fortes, argileuses, l'assolement était :

Première année. — Sur fumure, Vesces ou Féveroles, sarclées, au moins avec la houe à cheval.

Deuxième année. — Blé, dans lequel on sème, en février, du Trèfle qu'on couvre à la herse.

Troisième année. — Trèfle.

Quatrième année. — Blé.

Cinquième année. — Avoine.

M. Cúppari m'a dit que son Trèfle, qui lui donne une *coupe* la première année, lui en fournit quelquefois quatre la seconde.

Pour les terres fertiles, mais plus légères, situées tout près de l'établissement, l'assolement était quadriennal.

Première année. — Maïs faisant fonction de plante sarclée.

Deuxième année. — Blé.

Troisième année. — Trèfle.

Quatrième année. — Blé.

Un tiers de ces terres, mis en Luzerne successivement, se trouvait, pendant la durée de cette prairie artificielle, hors d'assolement.

M. Cúppari sème la Luzerne, en mars, dans une terre bien fumée ; il y mêle un peu d'Avoine, qui, selon lui, empêche les mauvaises herbes de pousser. Pendant la première année sa Luzerne est fort belle, et dure sept ou huit ans ; il m'a assuré avoir obtenu jusqu'à six coupes. Le climat de la Toscane est sans doute pour beaucoup dans un pareil résultat.

Ce dernier assolement quadriennal, on aura pu le remarquer, est à peu près celui de M. Ridolfi. Le nouveau directeur a même encore souvent l'habitude (à l'imitation de M. Ridolfi) de semer, après le dernier Blé, une récolte dérobée, au moyen de laquelle il se procure du fourrage vert pour ses bestiaux à l'arrière-saison, ou même pendant l'hiver. Le temps ne manque pas, du reste, pour cette récolte, entre le Blé qu'on coupe en juin, et le Maïs qu'on ne sème qu'au printemps suivant.

Tel était, lors de mon séjour à Pise, l'année dernière, le petit établissement qui formait le pivot de l'enseignement agricole pratique. Le professeur avait l'habitude de faire, par semaine, deux leçons à l'université même, où il exposait les principes généraux de l'agriculture , et une leçon soit dans la ferme même de l'institut, soit sur les champs qui l'avoisinent, où il s'occupait plus spécialement de ces questions pratiques qui ont besoin , pour mieux être saisies, d'une démonstration faite sur la nature elle-même.

Je suivis avec intérêt ce double enseignement, et soit dans les leçons faites dans la chaire universitaire, avec la dignité qu'exigent la robe et le bonnet du professeur, soit dans les conférences auprès des animaux, soit dans les causeries intimes au milieu des champs, j'eus l'occasion d'entendre développer, par l'agronome de Pise, bien des aperçus nouveaux, bien des idées lumineuses. Je me rappellerai toujours cette parole simple, facile, claire, exposant, dans une langue que j'aime tant, les principes d'une science qui devenait, ainsi présentée, si attrayante pour son auditoire.

Mais, non content des leçons de l'université pour l'exposition des principes, et des conférences de l'institut agronomique pour les démonstrations pratiques, le professeur, dans de fréquentes excursions, faisait profiter les étudiants des avantages de la comparaison des cultures diverses.

Au moyen des chemins de fer, il leur faisait successivement visiter, pendant les jours de congé, tantôt les vallées, tantôt les collines, dans des courses qui quelquefois se prolongeaient au delà d'une journée.

Quant à l'enseignement théorique pur, il est lié intimement à l'organisation même de l'université de Pise.

Fondée plusieurs siècles avant la renaissance, très-célèbre autrefois, fréquentée encore aujourd'hui par des jeunes gens de la Grèce et des îles Ioniennes , qui semblent venir redemander à l'Occident les sciences qu'il tient de leurs ancêtres, l'université de Pise se compose actuellement de huit facultés :

1° Théologie et droit canonique ;

2° Jurisprudence ;

3° Philosophie et philologie ;

4° Médecine et chirurgie ;

5° Sciences physico-mathématiques ;

6° Mathématiques appliquées ;

7° Sciences naturelles ;

8° Sciences agronomiques.

L'agriculture, on le voit, est comprise, dans ce plan, comme une des branches de l'enseignement universitaire ; elle constitue une faculté comme les autres, dont les étudiants sont confondus avec ceux en droit, en médecine, etc., suivant, pour les sciences accessoires (physique, chimie, etc.), les leçons des mêmes professeurs, et vivant, comme eux, en ville.

Il y a pourtant une différence, et la voici : elle est relative à l'examen d'admission, au temps que durent les études et aux grades. Dans toutes les autres facultés l'admission est prononcée après un examen où on exige la connaissance de la langue latine ; puis les étudiants suivent un cours d'études qui dure cinq années , séparées l'une de l'autre par un examen de passage. La première année conduit au baccalauréat, la troisième à la licence, la cinquième au doctorat (*laurea*). De ces cinq années d'études la première au moins est employée à acquérir celles des connaissances générales qui ne sont pas exigées comme chez nous pour être admis à l'université, de sorte qu'à la fin de la première année universitaire les élèves ont acquis, à quelque différence près, les connaissances que suppose notre diplôme de bachelier ès lettres.

En ce qui concerne la faculté des sciences agronomiques, l'examen d'admission roule sur la langue italienne , la géométrie et l'arithmétique. Le cours des études est de trois ans, ainsi divisés :

Première année : géométrie, physique, chimie, botanique.

(53)

— Examen de passage, pour lequel on paye 35 livres toscanes (0,84).

Deuxième année : algèbre, géométrie descriptive, topogra-
phie, chimie, agronomie, assistance aux pratiques de l'institut agronomique. — Examen de passage ; taxe, 35 livres.

Troisième année : géologie, physique *technologique*, architecture rurale, agronomie ; assistance aux pratiques de
l'institut.

Puis vient l'examen de licence ès sciences agronomiques,
qui coûte 70 livres, et roule sur la géologie, la physique
technologique, l'architecture rurale, l'agronomie théorique
et pratique.

Carême de 1852.

F. MALÉZIEUX.

Petit-Fresnoy, commune de Gricourt, près Saint-Quentin (Aisne).

Extrait des *Annales de l'agriculture française*, année 1852.

TABLE DES MATIÈRES.

IMPRIMERIE DE MADAME VEUVE BOUCHARD-HUZARD, RUE DE L'ÉPERON, 5.

www.ingramcontent.com/pod-product-compliance
Lightning Source LLC
Chambersburg PA
CBHW062309070726
47596CB00009B/1015